'좋아요'가
왜 안 좋아?

나무를심는사람들

두 얼굴의 미디어,
아는 만큼 활용할 수 있어

청소년기는 인생에서 꿈을 찾고 키워 가는, 소중한 시기입니다. 미래에 어떤 직업을 갖고 싶은지, 또는 어떤 삶을 살고 싶은지를 꿈꾸면서 탐색하는 때이지요. 무엇이 나의 꿈이 될지 궁금해하면서 이것저것 모색하는 사람들이 더 많겠지만, 벌써 구체적인 계획을 품고 준비 중인 친구들도 있을 겁니다. 그렇다면 미래에 내가 하고 싶고, 되고 싶은 나의 소망은 어떻게 생겨난 것일까요?

사람마다 다르게 답변하겠지만, 한 가지 분명한 것은 태어나기 전 엄마 배 속에서부터 만들어진 것은 아니라는 겁니다. 우리는 꿈을 품은 채 태어난 게 아니지요. 살아오는 동안 이런저런 경험을 하는 가운데 저마다의 생각이 만들어지고 다듬어집니다. 우리의 생각을 만든 경험들 중에는 직접적인 것보다 간접적인 경우가 훨씬 많습니다. 우리는 동계 올림픽의 봅슬레이 경주나 컬링 경기를 체험해 보지 않았지만 어떻게 진행되는지 잘 알고 있습니다. 빙하가 녹아 북극곰이 멸종 위기에 처했다는 사실도, 아마존 정글이 지나친 벌목으로 파괴되고 있다는 사실도 알고 있습니다.

4

북극도, 아마존도 가 보지 않았지만 말입니다.

미디어라는 천리안

직접 경험하지 않고 책이나 인터넷 같은 미디어를 통해서 알게 된 사실들이 저마다의 생각과 꿈을 키우기 위한 재료가 됩니다. 캐나다의 미디어 학자 마셜 매클루언은 "의복은 피부의 연장이며, 바퀴는 발의 연장이다"라고 말합니다. 자전거와 자동차가 우리를 먼 곳까지 이동할 수 있게 해 주는 발이 된 것처럼 미디어도 우리의 눈을 강력하게 만들어 줍니다. 그런데 미디어는 단지 시력을 높여 주는 안경이나 돋보기 수준을 넘어섭니다. 직접 보는 게 불가능한 머나먼 세계까지 볼 수 있게 해 주는 '천리안'과 비슷하지요. 직접 경험하지 않아도 세상에 대해서 친절하고 자세하게 알려 주는 도구가 미디어입니다.

미디어는 지도

10대 시절을 지나며 우리는 성인이 되고 각자 세상을 탐험하고 저마다의 인생 항로를 개척하는 삶을 살게 됩니다. 미리 가 보지 않은 지역을 탐험할 때 준비물 없이 맨몸으로 가는 것은 매우 위험하지요. 오늘날에는 스마트폰이 필수지만, 과거에는 달랐습니다. 낯선 곳을 탐험하기 위해서는 지도가 무엇보다 필요했습니다. 지도는 어디에 언덕과 시냇물이 있고 늪과 사막 지대가 있는지 알려 줍니다. 인공지능 미래 사회는 모든 면에서 점점 더 변화가 빨라지는 세상입니다. 끊임없이 사회에 어떤 변화가 일어나고 있는지 알아차리고 그에 따라 나의 갈 길을 찾아야 합니다. 지도가 탐험할 지역의 지형적 특징을 알려 주는 안내판이라면, 미디어는 우리가 살아갈 세상과 미래에 대해 알려 주는 지도이자 길잡이입니다.

미디어는 친구

날마다 오랜 시간 들여다보고 매만지는 스마트폰은 이미 우리의 절친이자 분신입니다. 따끈따끈한 속보를 보고, 궁금한 정보를 검색하고, 친구들과 일상을 소셜 미디어로 공유하지요. 뉴스뿐만 아니라 음악과 영상 같은 추천 콘텐츠를 즐기다 보면 시간은 어느새 '순삭'입니다. 아무리 기술이 발달해도 하루 24시간은 늘어나지 않지요. 하지만 1인당 미디어를 이용하는 시간은 계속해서 늘어만 가고 있습니다. 스마트폰과 미디어가 더 다양하고 재미난 콘텐츠를 제공하는 것도 하나의 이유이지요. 그보다 중요한 이유는 유저의 이용 시간을 끝없이 늘려 돈을 벌려고 하는 디지털 기업의 알고리즘이 작동하고 있다는 겁니다. 이런 두 얼굴의 미디어와 잘 사귀려면, 그 특성에 대해서 잘 알아야 합니다.

과거엔 모르는 게 있어도 부모님과 선생님이 알려 주지 않거나 도서관이 가까이 없으면 알 길이 막막한 경우가 흔했습니다. 지금은 궁금한 게 있으면 스마트폰에서 바로 찾아보는 세상입니다. 정보 사회에서 가장 큰 힘은 정보와 미디어를 잘 다루는 능력인데, 이는 다른 사람의 도움 없이도 각자가 독립적으로 활용할 수 있다는 게 과거와 다른 특징입니다. 이용자 스스로 정보에 접근해 활용하는 게 기본이 된 세상에서는 각자 주체적으로 미디어를 이해하고 활용하는 능력을 갖추는 게 무엇보다 중요해졌습니다. 다른 사람 도움 없이 미디어에서 정보를 이용하는 만큼 스스로 그 역량과 책임을 갖춰야 하는 거죠.

야구 중계를 많이 보고, 지하철을 많이 탔다고 해서 저절로 야구를 잘하거나 열차를 운전하는 기술을 익히게 되는 건 아니지요. 우리가 스마트폰을 오래 쓰면서 많은 콘텐츠를 이용한다고 해서 미디어에 대해서 잘 이해하고 저절로 현명한 이용자가 되는 것도 아닙니다. 미디어는 천리안과 지도가 될 수 있고 강력한 도구이자 늘 함께하는 친구이기도 하지요. 이처럼 중요한 미디어를 현명하게 활용할 줄 알면 인생의 '치트키'를 장만하는 셈입니다. 미디어를 좀 더 깊이 이해하고 배우기 위해 미디어의 세계로 함께 들어가 볼까요?

차례

6장
인공지능 세상을 살아가려면?

에필로그

1장

뉴스를 읽어 내는 눈

1

챗 지피티 시대, 기자의 운명은?

챗지피티 같은 인공지능이 사람보다 더 빨리 기사를 잘 작성한다면서요? 그러면 기자가 할 일이 남아 있겠어요? 기자라는 직업은 이제 없어지는 건가요?

인공지능 기술이 발달해 사람이 말을 하면 척척 알아듣고 프롬프트에 질문을 입력하면 눈 깜짝할 새 '모범 답안'을 내놓지요. 앞으로 어떤 주제에 대해서 글을 쓰고 보고서를 만드는 일은 사람이 인공지능보다 잘하기 어려워 보입니다.

'로봇 기자'들은 실제 언론 현장에서 활용되고 있습니다. 이미 2018년 평창 동계 올림픽 때 '올림픽봇'은 15개 전 종목의 경기를 결과가 나오는 즉시 기사로 작성했습니다. 몇 년 전부터 프로야구 경기 결과, 지진 속보, 증권 시장 시황 기사 등은 우리나라뿐만 아니라 외국 언론에서도 로봇에게 기사를 쓰도록 맡기고 있습니다. 데이터를 위주로 하는 보도는 로봇이 사람보다 훨씬 빠르고 정확하게 기사를 쓸 수 있어요. 아예 이런 보도를 가리키는 '로봇 저널리즘'이라는 말이 있을 정도예요. 2023년부터는 '챗지피티(ChatGPT)'와 같은 거대 언어 모델 기반의 대화형 인공지능이 널리 활용되면서, 로봇을 활용한 보도가 크게 늘어났습니다.

뉴스는 '신속'과 '정확'이 생명이지요. 로봇 기자가 하루 24시간, 거의 모든 주제에 대해서 인간 기자보다 빠르고 정확하게 기사를 써낼 수 있게 되면 앞으로 기자라는 직업은 로봇에 밀려나 사라지지 않을까요? 당연히 생겨날 수 있는 질문이에요. 그런데 앞으로도 기자라는 직업은 좀처럼 사라지지 않을 것이고, 언론의 영향도 줄어들지 않을 겁니다. 챗지피티와 같은 대화형 인공지능의 한계 때문이지요.

66 로봇 기자가
잘하는 일은 따로 있어 99

챗지피티와 같은 대화형 인공지능이 질문에 대해 순식간에 답변한 내용은 그럴듯해 보이지만 자세히 살펴보면 사실이 아닌 내용도 많고 아주 황당한 거짓말도 적지 않습니다. 그 이유는 첫째, 2022년 말 공개된 챗지피티라는 인공지능이 학습한 데이터가 2021년까지 만들어진 것이어서 그 이후 생겨난 정보를 반영하지 못한다는 한계 때문이지요. 더 중요한 것은 두 번째 이유인데, 대화형 인공지능은 기본적으로 사람들이 만들어 낸, 정보를 바탕으로 한 일종의 '확률적 자동 완성 기계'랍니다. 대부분의 사람들의 상식을 바탕으로 짜깁기한 것이기 때문에 새로운 관점이나 내용을 반영한 기사를 쓸 수 없다는 점입니다.

챗지피티의 답변은 최근 업데이트된 정보를 반영하지 못하는 것만이 아니라, 인터넷의 잘못된 정보를 그대로 보여 주거나 존재하지 않는 책과 인용문을 그럴듯하게 꾸며 내 문제가 되기도 했지요. 이런 특성은 모두 기존 데이터를 통해 학습하는 인공지능의 기본 속성 탓입니다. 채팅로봇인 마이크로소프트의 '테이'나 국내 기업의 '이루다'가 문제된 사례나, 각종 알고리즘이 인종·성별 편향으로 비판받은 것과 마찬가집니다.

앞으로 인공지능 기술은 계속 발달하면서 문제점을 고쳐 나가겠지만, 아무리 뛰어난 인공지능이 나타난다고 하더라도 로봇이 인간 기자를 대체할 수는 없습니다. 왜냐하면, 기자의 핵심적 역할은 밝혀지지 않은 사실을 취재해 알리는 일이기 때문입니다. 또한 로봇이 아무리 그럴싸한 증거와 논리로 만든 기사라고 해도, 그것이 진짜 사실인지는 사람이 확인해야 하기 때문입니다.

증권 시장이나 스포츠 경기 결과처럼 분명한 데이터가 있고 발표 자료와 보도 자료가 제공된 상황에서 이를 요약해서 보도하는 일은 로봇이 인간 기자를 대체할 수 있습니다. 이미 데이터로 존재하는 것을 사람들이 원하는 형태로 가공하는 것은 로봇이 잘할 수 있는 일이지요. 하지만 언론의 진짜 역할은 세상에 알려지지 않은 사실, 또는 누군가 감추려고 하는 사실을 끈질기게 취재해서 드러내는 일입니다. 언론에서 '탐사 보도' 또는 '심층 보도'라고 말하는 기사입니다. 기자가 취재해서 보도하기 전까지는 사람들이 알고 있지 못했던 일들을 알리는 일은 앞으로 더욱 중요해지게 됩니다.

2

맞춤형 뉴스가 위험한 이유는?

신문이나 방송 뉴스에서는 어렵고 지루한 사건, 사고들만 다루고 내가 좋아하는 스포츠와 연예 소식은 거의 나오지 않아요. 그래서 나는 포털에서 나만의 '맞춤형 뉴스'를 이용해요. 그런데 왜 어른들은 신문이나 방송 뉴스를 보는 걸까요?

인터넷은 이용자에 관한 다양한 통계와 사용 기록을 활용할 수 있기 때문에 관심사를 반영한 맞춤형 서비스가 가능합니다. 취향이나 관심사가 제각각인 사람들에게 같은 뉴스를 공급하는 신문이나 방송과 달리, 인터넷은 기술적으로 얼마든지 사용자별로 맞춤화된 뉴스를 만들어 제공할 수 있지요. 인터넷이 상업적으로 성공한 것은 광고 효과가 높은 이러한 맞춤형 광고 기술 덕분입니다. 영화관 위치를 검색한 사람에게는 최신 영화 광고가 뜨고, 갈빗집을 찾는 사람에게는 주변의 맛집 광고가 노출되지요. 이런 타깃 광고가 큰 성공을 거뒀고, 이런 맞춤형 서비스는 뉴스에도 적용되고 있습니다.

나를 위해 만들어진 '맞춤형 뉴스'는 타깃 광고처럼 인터넷의 특징을 살린 유용한 서비스입니다. 그런데 맞춤형 뉴스 위주로 언론을 이용하는 것은 입에 맞는 음식만 골라 먹는 것처럼 당장엔 즐겁지만 장기적으로는 위험한 결과를 가져옵니다. 왜냐하면 뉴스는 나의 관심사가 아니라 다른 사람들의 관심사가 중요하기 때문입니다. 바로 이것이 내가 찾는 정보에 맞춤형 대답을 주어야 하는 검색이나 광고와 뉴스가 다른 점입니다.

주식 투자를 예로 들어 볼까요? 내가 투자했거나 관심이 있는 종목이 자동차 기업과 배터리 회사라고 가정해 보면, 해당 기업에 관한 뉴스나 정보만 수집하고 분석해서는 안 됩니다. 내가 주식을 갖고 있는 종목에만 관심을 기울이면, 그 투자는 실패할 가능성이 매우 높습니다. 무엇보다 주식이 사고팔리는 증권 시장은 경제의 다양한 측면을 두루 반영하기 때문에 변수가 많습니다. 국제 석유 값이 오르거나 내리는지에 따라서, 또 미국과 국내 은행의 금리가 어떻게 달라지는지, 원-달러 환율이 어떻게 변화하는지, 부동산 가격과 임금 인상률 등이 어떻게 변화하는지, 사람들의 소비 심리와 투자 심리가 어떻게 달라지는지 등이 주식 시장에 큰 영향을 끼치기 때문입니다. 즉, 내가 투자한 종목 또한 경제를 구성하는 여러 요인들의 영향을 받게 되는 거죠.

주식 투자에서도 내가 좋은 주식이라고 믿는 것보다 다른 사람들이 어떻게 생각하느냐가 훨씬 중요합니다. 뉴스는 내가 좋아하고 관심 있는 일이 아니라, 다른 사람들이 무엇을 중요하게 생각하는지를 알려 준다는 점이 중요합니다.

스위스의 작가 알랭 드 보통은 『뉴스의 시대』에서 프랑스 루이 16세의 왕비 마리 앙투아네트가 단두대에서 비극적 최후를 맞게 된 이유를 '맞춤형 뉴스'의 폐해로 설명합니다. 앙투아네트가 한 도시에서만도 수천 명의 시민이 굶주리고 있다는 뉴스는 듣기 싫어하고, 무도회에 오는 귀족 부인들의 화려한 드레스에만 신경을 쏟은 결과가 그녀를 단두대로 이끌었다는 게 작가의 설명입니다. 중요한 정보를 무시하고 외면한 결과라는 거죠. 그렇다고 해서 중요한 뉴스와 다른 사람들이 알고 있는 뉴스를 전부 따라잡을 수는 없습니다. 그래서 인터넷 환경에서 현명한 뉴스 읽기를 하려면 나의 관심사와 다른 사람들의 관심사를 효율적으로 바라봐야 합니다. 그러자면 우선 다른 사람들이 무엇에 관심을 갖는지, 우리가 사는 세상에서 지금 중요한 문제는 무엇인지를 먼저 파악하고, 그다음에 자신이 필요로 하고 좋아하는 뉴스를 적극적으로 찾아보는 것이 좋습니다.

신문, 방송과 같은 매스 미디어로 전달받는 뉴스는 내가 원하는 정보가 아니라 다른 사람들이 모두 알게 되는 내용입니다. 매스 미디어의 영향력도 많은 사람에게 같은 메시지를 전달한다는 점에서 생겨나지요.

사람들은 뉴스를 통해 알게 된 정보를 바탕으로 다른 사람들과 소통하고 싶어 합니다. 500만, 1000만 관객이 드는 블록버스터 영화가 인기를 얻는 이유도 사람들의 취향이 비슷비슷하기 때문만은 아닙니다. 다른 사람들이 알고 있는 것을 나도 알고 싶어서, 다른 사람과 원활하게 소통하고 싶어하기 때문입니다. 나에게 필요한 정보만으로는 채워질 수 없는 게 인간의 사회적 소통 욕구입니다. 그런데 맞춤형 뉴스는 내 관심사에만 집중해 전달하니 유의해서 이용해야 합니다.

3

문자 세대
vs
이미지 세대의
차이는?

글자로 된 뉴스보다는 이미지로 만들어진 카드 뉴스나 동영상이 좋아요. 미래에는 글 읽는 능력보다 오히려 이미지를 읽어 내고 만들어 낼 줄 아는 능력이 더 중요한 것 아닌가요?

그렇습니다. 꼭 글자로만 정보를 읽고 다른 사람들과 소통하는 것은 아니고, 음성과 영상을 통해서도 얼마든지 가능하죠. 미래로 갈수록 점점 더 이미지를 정보 이해와 소통의 도구로 사용하는 현상은 늘어날 겁니다. 통계 조사를 보아도, 갈수록 신문과 책을 읽는 시간은 줄어들고 유튜브와 같은 동영상 이용 시간은 점점 늘어나고 있어요. 길을 건널 때에도 스마트폰에서 눈을 떼지 못하는 사람들이 적지 않은데 그들이 걸어 다니면서까지 보는 콘텐츠는 동영상인 경우가 대부분입니다.

디지털 기술이 없던 시기에는 동영상을 만들려면 방송국, 영화사, 스튜디오 등 고가의 장비를 갖춘 시설에서 전문가들이 거대한 자본을 들여야만 했어요. 스마트폰과 각종 무료 편집 도구, 소셜 미디어, 인공지능을 활용하게 된 요즘에는 누구나 손쉽게 영상을 만들어 유튜브, 틱톡, 인스타그램에 올릴 수 있습니다. 콘텐츠만 있다면 누구나 성공한 인플루언서가 되어 유명해지고 큰돈을 벌 수 있게 된 거죠.

사실 인류의 오랜 역사에서 글을 주요한 정보와 소통의 수단으로 쓰게 된 것은 비교적 최근입니다. 중세 초기만 해도 유럽에서 글을 읽을 수 있는 사람은 100명 중 한 명 정도에 불과했어요. 우리나라도 소수의 지식인들이 한자로 문자 생활을 해 오다가, 백 년 전쯤부터 한글 덕분에 문자로 소통이 가능해졌어요. 교회와 성당, 절에 고유한 건축 양식과 십자가, 불상, 종교화가 있는 까닭도 글을 읽지 못하는 대부분의 사람들에게 종교의 메시지를 쉽게 전달하기 위해서였습니다. 이러한 역사는 글이 아니어도 얼마든지 의사소통이 가능하다는 걸 확인시켜 주고, 오늘날 젊은 세대의 영상 위주의 정보 이용과 소통 문화가 아주 자연스러운 현상이라는 걸 알려 줍니다.

이미지 시대에도 글은 여전히 중요해

그런데 영상을 통해서도 정보 이용과 자연스러운 소통이 가능하다는 게 문자 기반 소통이 덜 중요하다거나 필요하지 않다는 뜻은 아닙니다. 왜냐하면 단순히 글을 읽고 쓰는 데서 더 나아가 말과 글을 잘 다룰 줄 아는 능력은 사람들이 모인 사회와 집단 안에서도 매우 특별한 힘으로 작용하기 때문입니다. 과거 오랜 기간 동안 읽기와 쓰기 교육은 일부 사람들에게만 허용된 일종의 특권이었습니다. 상류층 사람들만 글을 배울 수 있었고, 하층 계급이나 여자들에게는 글 배우기가 허용되지 않았습니다. 왜냐하면 문자는 지배층, 특권층이 나머지 계층을 대상으로 권력을 사용하고 유지하는 수단으로 쓰였기 때문입니다.

그 자신이 노예였으나 나중에 노예 폐지 운동에 앞장서고 미국의 정치인이 된 프레더릭 더글러스는 어렸을 때 글을 배워 능숙하게 글을 읽을 수 있었습니다. 그 모습을 본 더글러스의 주인은 "글을 배우면 세상에서 가장 괜찮은 깜둥이도 못쓰게 된다. 노예가 글을 배워 성경을 읽게 되면 더 이상 노예로 일할 수 없게 된다"고 말했습니다. 신분제 사회가 아닌 오늘날 누구나 글을 배울 수 있게 되어 상황이 달라졌지만, 글이 권력의 도구라는 것은 여전합니다. 법적 효력을 갖는 법률이나 계약서 등을 비롯해 편지와 대화 등 사회에서 중요한 거의 모든 내용은 문서로 기록될 때 비로소 유효합니다.

고려, 조선 왕조는 과거를 통해 국가의 인재를 뽑았는데 과거 시험은 오늘날로 치면 시 창작과 논술 시험인 셈입니다. 글쓰기 시험은 예나 지금이나 정해진 규칙을 지키면서 의도하는 논리와 내용을 얼마나 잘 담아내는 능력을 갖고 있는가를 평가합니다. 주어진 글을 정확하게 읽고 논리적으로 쓸 줄 아는 능력은 사실 오늘날 이미지 시대에도 여전히 중요합니다. 글은 말을 옮겨 놓은 것인데 말과 글, 즉 언어는 사람에게 있어 소통 도구와 자기 표현 수단을 넘어섭니다. 다른 기능들과 달리 인간에게 가장 핵심적인 능력인 사고를 가능하게 하기 때문입니다.

"언어는 존재의 집"이라는 말처럼 우리의 생각은 항상 말이나 글을 통해서만 구체화되고 외부에 표현할 수 있게 됩니다. 언어는 그래서 생각의 도구인 동시에 논리력, 창의력, 표현력, 설득력을 발휘하는 힘입니다. 아무리 멋진 영상물을 만들어 내는 능력을 갖고 있어도 그 구상을 먼저 언어로 구체화해야 하고, 영화를 찍으려면 훌륭한 영상 감독만이 아니라 좋은 대본과 콘티를 쓰는 작가가 꼭 있어야 하지 않겠어요.

디지털 콘텐츠는 글과 영상, 소리를 모두 이용할 수 있고 손쉽게 융합할 수 있는, 그야말로 멀티미디어입니다. 글과 영상 둘 다 소중한 것이어서 그중 어느 하나만으로는 창작과 소통이 원활하게 이뤄지지 않는다는 것을 잊지 말아야 합니다.

4

기자가 그런 일을 하면 안 되지?

의사가 사람을 살리기 위해 칼을 사용한다면 기자는 펜
을 사용해 사회 문제를 파헤치는 사람들입니다. 말하자면 기자들
이 가진 펜과 마이크는 의사들의 메스처럼 특별한 권력입니다. 그
런데 "펜은 칼보다 강하다"는 말처럼 기자가 다루는 말과 글이라
는 도구는 때때로 어떠한 칼보다 날카롭고 강력합니다. "발 없는
말이 천 리 간다"는 속담처럼 말의 힘은 물리적인 힘보다 더 멀리,
더 오래, 더 커다란 영향을 끼칩니다. 언론 보도로 인해 유명인이
나 정치인이 치명적 타격을 입고 물러나는 일은 거의 매일 일어납
니다. 잘못된 보도로 기업이 위기에 빠진 사례도 많고요. 폭력 중
에서도 욕설이나 모욕 같은 정신적 폭력이 물리적 폭력 못지않게
피해자에게 괴로움을 주고 그래서 무겁게 처벌되는 것도 마찬가
지 이유에서입니다.

생명을 다루는 의사에게 히포크라테스 선서가 있고, 간호사
들은 나이팅게일 선서를 통해 그들의 직업적 소명을 다짐하듯이,
말과 글을 멀리 퍼뜨리는 힘을 갖고 있는 언론인에게도 요구되는
기준이 있어야 하지 않을까요? 기자들의 단체인 한국 기자 협회
가 자발적으로 만든 언론 윤리 헌장이 있고, 그것을 지키기 위한

구체적인 지침들도 있어요. 객관적인 사실 보도, 한쪽으로 치우치지 않는 공정한 보도, 사생활을 침해하지 않는 보도 등 언론이라면 당연히 지켜야 할 기준들이 빠짐없이 들어 있어요.

이런 직업 윤리 헌장은 자율적인 만큼 지키지 않아도 억지로 강제할 수 없는 게 특징입니다. 봉사와 희생 정신을 강조한 히포크라테스 선서를 지키지 않았다고 의사를 징계하지 않듯이 기자도 윤리 헌장을 따르지 않았다고 처벌하는 경우는 거의 없습니다. 민주주의 사회에서 표현의 자유와 언론의 자유는 폭넓게 보장되기 때문에 기사가 부정확하거나 잘못되었다고 해도 법적으로 문제 삼기는 매우 까다롭고 어렵습니다. 물론 기자가 일부러 잘못된 내용을 사실처럼 보이게 보도하고 뇌물이나 불법적인 청탁을 받고 기사를 쓰면 법적으로도 처벌을 받습니다.

기자와 프로듀서, 아나운서 등 언론인에게 요구되는 사회적 역할은 무엇보다 사실의 정확한 전달과 이를 통한 건강한 여론 형성입니다. 민주주의는 유권자인 시민들의 투표를 통해서 권력이 만들어지는 것인데 유권자들이 모든 문제에 대해서 저절로 합리적인 판단을 하는 것은 아니지요. 유권자로서 제대로 판단하고 투표를 통해 의사를 표시하기 위해서는 무엇보다 정확하게 사실 전달이 이뤄지고 여론이 형성되어야 합니다. 바로 그런 기능을 수행하라고 언론의 자유와 여러 가지 특권이 주어지는 것입니다.

그렇다면 언론인이 하지 않아야 할 일이 무엇인지도 분명해지지요. 언론의 자유와 특권은 민주주의 사회가 잘 작동하도록 공적 기능 수행을 위해서 주어집니다. 그런데 취재하고 보도하는 기자가 개인적인 목적과 이익을 위해서 언론에 주어진 자유와 특권을 함부로 휘두르게 되면 어떤 일이 일어날까요?

특권을 사적으로 사용하면 신뢰를 잃게 돼

기자가 언론의 특권을 개인적 이익을 위해서 사용하는 경우는 어떤 상황일까요? 실제로 일어난 구체적인 예들을 들어 볼게요. 부동산 개발을 담당하는 정부 부처나 대기업을 담당하는 기자는 당연히 아파트 분양 정보나 신상품 개발 정보를 미리 알게 됩니다. 기자가 취재를 통해 알게 된 이런 정보를 이용해 땅을 사고 증권 투자를 하다가 덜미가 잡혀 처벌받은 사례가 있습니다. 또 특정 정치인이나 기업가로부터 접대와 도움을 받고 우호적인 기사를 써 주는 경우도 꽤 있습니다. 이렇게 접대를 받고 기사를 쓴 기자는 당연히 공정한 보도를 하지 않게 되지요. 기사와 관련해 기자에게 비싼 선물이나 식사를 접대하지 못하도록 하는 청탁 금지법이 있지만, 뇌물은 주고받는 사람 사이에 이해관계가 일치하고 몰래 이뤄지기 때문에 적발하기가 어렵습니다.

정치인이나 기업가와 가까운 기자들이 우호적인 보도를 하다가 공천을 받아 국회 의원이 되고 기업체 임원이 되는 경우도 있습니다. 국민 누구나 직업 선택의 자유가 있기 때문에 기자를 하다가 정치인이나 기업 임원으로 옮겨 가는 것을 막을 수 없지만, 언론의 공적 기능 수행을 위한 특권을 기자 개인의 목적을 위해 사용한 것이라면 문제지요. 이런 일이 반복되면 어떻게 될까요? 사람들이 언론의 보도를 믿을 수 없게 됩니다.

기자는 또한 과장 보도, 편파 보도, 왜곡 보도를 하지 않아야 합니다. 이것은 일부의 작은 문제를 마치 커다란 구조적인 문제처럼 부풀리거나 왜곡해서 보도하는 걸 말합니다. 예를 들어 군인, 경찰, 소방관이 관련된 범죄나 문제가 생겼을 때 한두 사람의 경우를 갖고 경찰 전체, 군인 전체, 소방관 전체가 문제라는 식으로 보도하는 경우가 있습니다. 이런 직업은 종사자가 수만 ~ 수십만 명 규모라서 워낙 다양한 사건이 일어나기 마련인데, 마치 그 직업 종사자 대부분의 문제인 것처럼 보도함으로써 특정 집단에 대한 혐오를 조장하게 되는, 대표적 왜곡 보도 사례입니다.

5

객관적이고
중립적인
보도란
?

같은 뉴스인데 왜 언론사마다 다르게 보도하나요? 서로 다르게 보도하는 뉴스 중에서 어느 쪽을 선택해서 봐야 하나요?

언론은 사실에 근거해 한쪽으로 치우지지 않고 중립적인 관점에서 객관적인 보도를 하는 게 사명입니다. 하지만 이는 언론이 내건 목표나 이상일 뿐이고 현실에서 뉴스 기사는 보도하는 언론사에 따라 달라도 너무 다른 경우가 많습니다. 물론 국가 대표 축구 경기에서 누가 골을 넣고 이겼는지, 또는 건축 중이던 아파트가 무너져 사람들이 죽거나 다쳤을 때와 같은 기사에서는 언론사마다 거의 차이가 없습니다. 그런데 사람들의 이해가 복잡하게 뒤얽힌 어떤 문제들은 객관적이고 중립적인 보도가 어렵습니다.

예를 들어 볼까요? 아파트 값이 계속 올라갈 때 집을 가진 사람들은 좋아하겠지만, 집을 갖지 못한 사람들은 불안이 커집니다. 국립 공원 주변의 상인들은 관광객이 더 많이 올 수 있도록 케이블카를 설치해 달라고 요구하지만, 환경을 중시하는 사람들은 적극적으로 반대합니다. 해마다 최저 임금을 결정하는데, 노동자들은 물가가 오른 것 이상으로 올려야 한다고 말하지만 임금을 주는 고용주들은 그대로 두거나 최소한으로 인상해야 한다고 주장합니다. 이런 문제에서 무엇이 객관적이고 중립적인 보도일까요? 찬반이 분명한 사회적 갈등 사안에서 정확하게 중간의 자리에서 객관적으로 보도하는 것은 불가능합니다.

객관이란 이해 당사자들의 주관적 견해가 아니라 이해관계가 없는 제3자가 바라보는 관점을 말합니다. 우리가 사물을 볼 때, 2차원의 평면으로 볼 수도 있고 3차원의 입체로 볼 수도 있습니다. 당연히 3차원 입체로 보는 게 실감 나고 좀 더 진짜 모습에 가깝게 느껴집니다. 객관적으로 본다는 것은 우리가 사물을 평면이 아니라 입체적으로 보는 것과 같습니다. 우리는 어떻게 입체감을 느끼는 것일까요? 오른쪽 눈과 왼쪽 눈이 살짝 다른 위치에서 사물을 바라보고 뇌에서 두 이미지를 종합해서 하나의 이미지로 만드는 게 우리가 사물을 입체로 인식하는 원리입니다.

입체감처럼 사물이나 사건을 실제에 더 가깝게 제대로 보려면 다양한 시각으로 보아야 합니다. 세상 모든 일을 우리가 직접 경험하거나 목격할 수는 없지요. 대개 많은 일들은 안경과 창문의 역할을 하는 언론을 통해서 만나게 되지요. 이렇게 간접적으로 만나는 여러 사안들에 입체적 인식을 가지려면 다양한 관점을 동시에 접하는 게 필요합니다.

최저 임금 보도와 관련한 보도에서 언론사별로 차이가 생겨

나는 것도 마찬가지입니다. 누구의 관점과 이해에서 바라보느냐에 따라 달라집니다. 최저 임금 인상 보도에서 일부 언론은 노동자들의 입장에서, 일부 언론은 기업가와 자영업자의 입장에서 취재하고 보도합니다. 두 기사 모두 사실에 기반하고 있지만 장님 코끼리 만지는 것처럼 전체가 아니라, 부분적 모습을 말하고 있을 따름입니다. 객관적인 기사라면 전체적인 모습을 파악할 수 있도록 다양한 모습을 함께 전달해야 합니다. 그래서 논쟁적인 사안이거나, 서로 대립하는 두 입장이 있을 때는 서로 다른 견해를 함께 보여 주는 게 객관적인 보도 태도입니다.

언론사별로 동일한 사안에 대한 보도에서 차이가 생기는 것은 바로 이러한 관점의 차이 때문인 거죠. 그렇다면 언론사들은 대부분 '객관적 보도'를 추구한다고 주장하는데 왜 이런 관점의 차이가 생기는 걸까요?

언론사의 주인이 누구인지, 즉 누가 대주주인지에 따라서 보도 관점이 달라지는 경우가 있습니다. 재벌이 소유하고 있는 언론사는 재벌 편에서 보도를 하고, 종교 단체가 주인인 언론사는 해당 종교의 입장에서 보도를 합니다. 정부의 영향력이 큰 KBS, MBC 같은 공영 방송은 어떤 정당이 집권하는지에 따라서 보도 관점이 달라지기도 합니다. 그래서 언론사의 특징과 소유주를 파악하고 있으면, 해당 언론이 보도하는 기사의 의도와 특징을 좀더 잘 이해할 수 있습니다.

6

취재원 보호는 왜 필요할까?

언론 보도가 어떻게 이뤄지는지, 기사를 똑똑하게 읽어 내는 방법이 무엇인지를 알 수 있게 해 주는 매우 중요한 질문입니다. 기자는 기본적으로 현장을 취재한 뒤 객관적인 사실을 보도하는 직업입니다. 그런데 기자가 현장을 직접 목격하면서 취재할 수 있는 경우는 그리 많지 않아요. 미리 예고된 행사나 이벤트만 현장 취재를 할 수 있지요. 한국과 일본의 국가 대표 축구 경기, 프로 야구 개막전, 조성진 피아노 콘서트처럼 예정된 시간과 장소가 있는 행사는 미리 기자가 취재를 위해 준비하고 있다가 보도를 합니다.

그런데 비행기 사고나 화재 사건, 건물 붕괴 사고 등 예고 없이 일어나는 일들은 기자가 사건이 일어나는 현장을 취재하는 게 거의 불가능합니다. 아파트 붕괴 사고를 예로 들어 볼까요? 사고 현장에 부랴부랴 기자들이 카메라와 함께 출동하지만 이미 상황은 다 벌어진 다음이지요. 그러면 이미 상황이 마무리됐으니 기자는 취재를 중단하고 철수하나요? 그렇게 보고하고 철수한다면 아마 회사에서 불호령이 떨어질 겁니다. 기자는 당연히 붕괴 사고가 일어난 현장의 아수라장과 피해 규모를 취재할 겁니다.

그런데 사람들이 가장 궁금해하는 것은 붕괴 당시의 모습이나 상황일 겁니다. 기자는 목격하지 못했지만 가능한 한 그 순간을 생생하게 보도해야 합니다. 붕괴 순간을 촬영한 CCTV의 동영상이나 사진이 있으면 그걸 구해서 보도해야겠지요. 그런데 영상이 없는 경우가 더 많습니다. 그럴 경우엔 굉음을 내면서 아파트가 붕괴하는 순간을 목격한 시민을 찾아내 목격 순간을 인터뷰로 소개해야 합니다. 당연히 그 인터뷰는 현장감을 살리기 위해서 카페나 방송사 스튜디오가 아니라 붕괴 잔해가 쌓여 있고 소방대원이 오고 가는 사고 현장에서 진행되겠지요?

기자는 현장에 없었지만 목격자가 당시를 생생하게 알려 주는 역할을 하는 거지요. 이렇게 인터뷰한 사고 목격자를 '취재원(取材源)'이라고 말합니다. 뉴스의 출처라고 해서 영어로는 '뉴스 소스(News Source)'라고 합니다.

조직폭력배의 범죄 행위를
실명으로 고발하기 어려워

그런데 아파트 붕괴 사고의 경우는 그 동네에 사는 목격자가 방송 인터뷰에 나서는 데 큰 고민을 할 필요가 없겠지만, 예를 들어 조직폭력배가 무고한 시민을 폭행한 사건을 목격한 시민은 어떨까요? 조직폭력배의 범죄 행위를 고발해 언론과 경찰에 알려 처벌받게 하고 싶지만 보복이 두려워 고발 방법을 고민하겠지요. 이런 경우에 언론이나 경찰은 고발자가 신원을 밝히지 않아도 익명으로 접수해서 실제로 그런 범죄가 일어났는지 조사하기도 합니다. 언론 보도로 인해 제보자나 취재원이 누구인지 알려지면 곤란해지는 경우에 언론은 진짜 이름을 밝히지 않고 익명으로 보도를 합니다. 앞의 질문에 나온 '관계자'도 익명 취재원의 사례입니다. '고위 관계자', '핵심 관계자'는 익명 취재원들이 별도의 계급이 있어서가 아니라, 기자가 보기에 그 사안에 대해서 잘 알고 있는 사람이거나 청와대 수석 비서관이나 장관, 차관처럼 높은 직책에 있을 때 처리하는 방법입니다.

1987년 민주화 운동의 기폭제가 된 서울대생 박종철 고문 치사 은폐 조작 사건, 2005년 황우석 교수의 줄기세포 연구 조작 사건, 2016년 박근혜 대통령의 비선 실세 국정 농단을 밝혀 준 메모 수첩처럼 세상을 바꾼 언론 보도에는 익명 취재원이 제보한 내용이 많습니다. 대표적으로 1974년 미국의 닉슨 대통령을 중도 사퇴하게 만든 워터게이트 도청 사건 보도도 익명의 제보자 덕분에 세상에 알려지게 된 기사입니다.

언론은 취재원 보호의 의무가 있습니다. 내부 고발자나 제보자가 언론에 비리를 고발하거나 제보할 때 신원이 드러난다면, 언론은 취재 보도 활동을 유지하기가 불가능해집니다. 그렇기 때문에 언론사는 취재원의 익명 요청을 적극적으로 받아들이고, 많은 기사들에 이름과 직책을 밝히지 않는 취재원들이 등장합니다. 수사 대상인 범죄 용의자가 언론사 취재에 응해도 언론사는 취재원을 끝까지 보호합니다. 미국 등에서는 경찰이나 법원이 수사와 재판상 필요 때문에 기자에게 수사 대상인 취재원 신원을 밝히라고 명령해도, '취재원 보호'를 내세워 끝까지 거부하다가 기자가 감옥에 갇히기도 합니다. 언론 자유를 지키기 위한 노력입니다.

7

공인과 사인은 어떻게 구별할까?

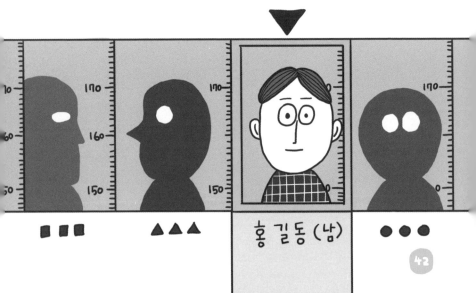

홍길동 (남)

언론은 왜 장관 후보자는 오래전 교통 신호 위반 벌금까지 낱낱이 중계하고 보도하면서 흉악한 살인 범죄자를 보도할 때는 얼굴도, 이름도 가려 주나요? 언론 보도에서 '사생활 침해' 기준은 무엇인가요?

그렇지요, 장관이나 총리 후보자는 국회 인사 청문회에서 수십 년 전 학교 성적표와 벌금 기록까지 공개되어 사과하는 장면이 전국에 생중계됩니다. 그러고도 여론이 안 좋으면 망신만 당한 채 공직에 임명되지도 못하고 물러나기도 합니다. 그런데 살인이나 성폭행 등 끔찍한 범죄를 저지른 흉악범은 보도될 때 보면 이름과 얼굴이 가려져 누군지 알 수 없게 처리됩니다. 언론에서 누군가의 사소한 잘못은 크게 보도되고 중대한 범죄를 저지른 누군가의 신원은 드러나지 않게 처리되는 까닭은 무엇일까요?

뉴스는 공공의 사안과 '대중의 정당한 관심'을 중요하게 여깁니다. 공공의 사안은 대통령과 국회 의원 등 정치인의 발언이나 선거와 경제 정책 등 모든 사람에게 영향을 끼치는 문제를 말합니다. '대중의 정당한 관심'은 약간 애매합니다. 인기 연예인에 대해 사람들의 관심은 높지만, 연예인의 데이트 장면을 동의 없이 보도하면 사생활 침해입니다. 그런데 대통령이 고교 동창이나 친구를 자주 만나면 뉴스로 다뤄집니다. 대통령이 결정해야 하는 일은 매우 중요한 공적인 일인데, 동창이나 친구가 대통령과의 친분을 이용해 영향을 끼칠 가능성이 있기 때문이지요. 사실 대통령은 임기 중에 전혀 사생활이 없고, 거의 모든 것이 보도 대상이 됩니다.

대통령이나 장관 등 주요 공직자에 대한 보도 기준과 연예인에 대한 보도 기준은 다릅니다. 보도의 대상자가 공적인 일을 맡아 처리하는지, 얼마나 권력과 책임을 갖는가에 따라 기준이 달라지지요. 대통령이나 국회 의원 등 선거를 통해 공직에 선발된 사람들은 국민 앞에서 검증을 받겠다고 스스로 약속한 사람들입니다. 사회 공동체의 공적인 일을 수행하기 위해 국민들로부터 위임받은 권력을 사용하는 사람들이니까요. 연예인은 우리에게 이름이 널리 알려져 있지만, 권력을 이용해 사회에 공식적인 영향력을 행사하지는 않지요. 이런 이유로 고위 공직자들은 해마다 재산이 늘어나거나 줄어든 내역을 신고하고 공개해야 합니다.

❝ 연예인, 스포츠 스타 등은 '공적 인물'

대중의 관심이 정당한 것이냐 아니냐는 그 영역이 '사적이냐 공적이냐'에 따라서 달라집니다. 그런데 유명 연예인이 마약을 복용하거나 음주 운전처럼 문제를 일으키는 경우에는 다릅니다. 연예인 등 유명인들은 신문과 방송 같은 미디어를 통해서 큰 이득을 보고 영향력을 끼치는 사람들입니다. 미디어에 자주 등장해 인기를 얻게 되면 광고에 출연해 거액을 벌기도 하고, 선거에 출마해 당선되기도 합니다. 미디어 노출의 긍정적 효과이지요. 법원은 이들을 '공인'과 구별되는 '공적 인물'이라고 봅니다. 공인은 공무원, 정치인처럼 공적 업무를 맡은 사람이지만, 공적 인물은 공무를 담당하지 않지만 유명인이나 연예인, 스포츠 스타처럼 대중적 관심이 높거나 널리 알려진 사람을 지칭합니다. 이들은 미디어를 통한 영향력이 크기 때문에 그에 대한 책임도 함께 져야 한다는 게 법원 판결에서 확인되었습니다. 그래서 청순한 이미지를 어필해 광고 모델이 된 여배우가 마약 범죄와 불륜 스캔들로 이미지가 추락했다면 광고 계약 파기만이 아니라 손해 배상 책임이 따르는 겁니다.

언론의 범죄 보도에는 공익성이 있습니다. 그런데 언론이 범죄 가해자 및 피해자와 관련된 내용을 지나치게 상세하게 보도하면서 뜻하지 않은 피해가 생겨나게 되자 새로운 기준이 도입됐습니다. 1998년 대법원은 "범죄 보도는 공익에 속하지만 범죄 자체를 보도하기 위해 반드시 범인이나 혐의자 신원을 명시할 필요가 있는 게 아니고, 범인과 혐의자에 대한 보도가 범죄 자체에 대한 보도와 같은 공공성을 가질 수 없다"고 판결했습니다. 그때부터 국내에서 범죄 보도는 기본적으로 범죄의 구체적인 수법이나 관련된 사람들의 신상을 공개하지 못하도록 바뀌었습니다.

그 이후에 흉악 범죄자도 익명으로 보도되는 현상에 대해 비판 여론이 높아지면서 추가적인 기준도 생겨났습니다. 2010년부터는 흉악 범죄자에 대해서는 신상 공개 위원회를 열어서 피의자의 신상을 공개할 수 있도록 했습니다. 1년에 5건 정도의 흉악 범죄만 이 위원회의 결정을 통해서 피의자 신원이 공개되고 있습니다.

2장

가짜
뉴스

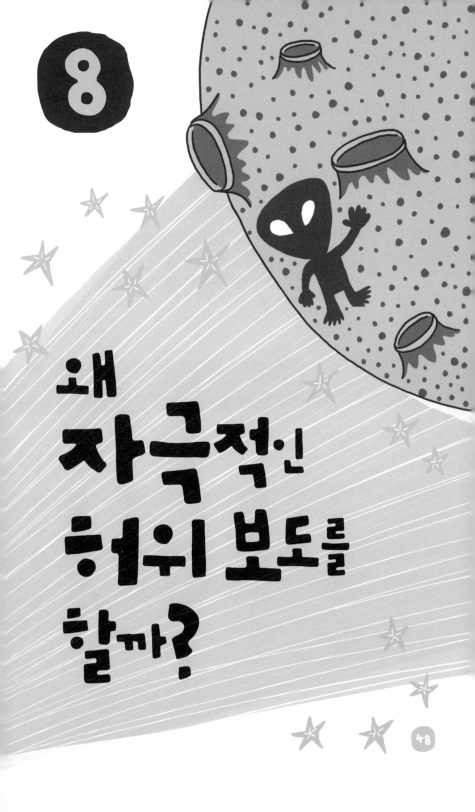

8

왜
자극적인
허위 보도를
할까?

48

신문과 방송 뉴스로 보도된 내용은 다 사실인가요? 만약에 사실이 아니라면 그걸 왜 뉴스라고 포장해서 보도하는 건가요? 잘못된 보도는 왜 생겨나는 건가요?

디지털 세상에서는 사라진 풍경이지만, 지난 시절에는 서로 자기 말이 맞다고 주장하는 두 사람이 논쟁을 하다가 갑자기 막을 내리는 '입씨름 종결 모드'가 있었습니다. "그거 며칠 전에 뉴스에 나왔어"라고 옆에 있던 사람이 한마디 하면, 누가 맞는지 입씨름은 곧바로 끝나 버렸지요. 신문이나 방송에 기사로 실렸다면, 그것은 의심할 필요 없이 명백한 사실이라는 사회적 믿음이 있던 시절의 이야기지요. 언론 보도가 분명한 사실이라는 믿음은 어떻게 만들어졌고 지금은 왜 사라지게 되었을까요?

오늘날에도 여전히 '언론'의 가장 대표적인 형태는 신문입니다. 신문은 윤전기라는 커다란 원통형 기계가 종이를 눌러서 찍는데, 거기에서 만들어진 '프레스'(press : 눌러서 인쇄한다는 의미)라는 단어가 이후 신문, 나아가 언론을 가리키는 말로 굳어졌을 정도입니다. 그런데 신문이 유럽과 미국에서 처음 등장했을 때는 주로 정당의 정치 철학과 이해관계를 위해서 발행되었고, 정당의 견해를 대변하는 게 특징이었습니다. 정당의 후원으로 신문이 발행되었고 신문값이 비싸, 노동자 등 일반 시민은 신문 구독료가 부담

돼서 많이 볼 수 없었어요.

그런데 1830년대 미국에서 윤전기 발달로 인쇄 비용이 낮아지고, 임금 인상으로 시민들의 구매력이 높아지자 값을 크게 낮춘 신문이 나타났어요. 신문값을 전보다 6분의 1에 불과한 1페니로 크게 낮추고 '박리다매'의 판매 전략을 세웠습니다. 신문값이 1페니여서 '페니페이퍼'라고 불렸는데, 이것이 오늘날 신문의 출발점입니다.

많은 시민들이 구독자가 되자 흥미를 끌기 위해 범죄 사건을 많이 다뤘고, 정확하지 않고 선정적인 기사들이 많아졌습니다. 당시 범죄 사건을 보도할 때 언론사는 기자가 직접 취재하지 않은 살인 사건을 생생하게 보도하기 위해서 다양한 방법을 동원했습니다. 마치 소설을 쓰듯, 현장을 목격하지 못했지만 눈앞에서 사건을 지켜본 것처럼 생생하게 묘사했습니다. 범죄 사건 보도 경쟁을 하면서 언론사들은 점점 흥미 위주의 저질 보도를 했습니다. 그래서 그 당시 보도를 '옐로 저널리즘(황색 언론)'이라고 말하며, 오늘날 선정주의 언론, 과장 왜곡 보도를 가리키는 말이 됩니다. 당시 선정적 허위 보도 경쟁이 어느 정도였냐면, 대형 망원경으로 보았더니 달에 외계인이 살고 있다는 뉴스를 연재하다가, 1주일 만에 거짓으로 들통이 난 일도 있었습니다.

이렇게 거짓 보도, 선정 보도로 언론의 신뢰도가 추락하자 언론은 살길을 찾아 나섰고, 객관적 보도, 사실 보도를 강조했습니다. 객관적 사실 보도를 위해 '육하원칙'처럼 기술적 장치도 만들어 냈습니다. 이러한 시행착오를 겪으면서 사실 보도를 중시하는 관행이 만들어졌고, 매스 미디어 시기였던 20세기를 지나면서 "언론은 사실을 보도한다"는 사회적 인식이 형성되었습니다.

그런데 인터넷과 소셜 미디어가 등장하면서 신문과 방송사만이 뉴스와 정보를 만드는 게 아니라 보통 사람들도 얼마든지 다양한 콘텐츠를 만들어서 손쉽게 퍼뜨릴 수 있게 되었습니다. 또 과거에는 논설위원이나 대학교수, 작가 등이 언론사 칼럼을 통해 의견을 발표하고 여론 형성에 영향을 끼쳤는데, 이제는 소셜 미디어나 홈페이지, 블로그 등을 통해서 누구든지 자기 주장을 펼칠 수 있게 되었지요. 신문과 방송 등 매스 미디어 시절에는 기자와 피디 등 전문가가 뉴스와 미디어 콘텐츠를 생산하고 일반 시민은 그것을 일방적으로 구독하거나 시청해야 했습니다. 오늘날에는 언론사가 아니어도 누구든지 정보를 생산해 유포할 수 있는 환경이 되었습니다.

일반 시민들이 일방적으로 매스 미디어의 보도와 정보를 받아들이는 대신 댓글과 소셜 미디어 등으로 적극적인 반론과 의사를 표시하게 되면서 각 언론의 지향점, 특징과 약점을 비판하는 일이 늘어났습니다. 일부 언론은 디지털 환경에서 페이지뷰를 우선시하는 상업주의 경쟁에 뛰어들어 선정적이고 무책임한 보도를 일삼기도 합니다. 자연히 기성 언론의 문제점과 비윤리성이 드러나게 되었고, 언론 신뢰도가 하락하게 된 거죠.

언론사와 기자들은 인터넷, 인공지능, 소셜 미디어 환경에서 사실을 가장 중시하고 영향력이 큰 보도를 해내는 게 무엇보다 중요한 일이 되었습니다.

9

타이타닉

포세이돈 등

선박 사고 다룬

영화는?

좋은 뉴스와

나쁜 뉴스의

기준은?

한 사람당 3억5천만원

대학 입학 허가

포털에서 뉴스를 보다가 댓글을 보면 온갖 욕설에다가 '기레기의 편파적 보도'라고 비난하는 경우도 많더라구요. 수많은 기사 중에서 좋은 기사와 나쁜 기사를 고르는 기준이 있나요?

좋은 기사냐, 나쁜 기사냐를 구분하는 것은 어려운 문제입니다. 독자들은 대체로 자신의 취향이나 관심에 맞는 뉴스를 즐겨 읽는데, 내 취향에 맞는 뉴스가 좋은 뉴스인 것은 아닙니다. 정치적으로 보수적 성향의 사람에게는 보수적 가치가 반영된 뉴스가 좋은 뉴스로 여겨집니다. 진보적인 사람에게는 그 반대인 거죠. 그런데 좋은 뉴스와 나쁜 뉴스는 이러한 정치적 성향이나 특정한 주제로 구분되지 않아요. 우선 나쁜 뉴스를 판단하는 것은 그다지 힘들지 않아요. 언론 보도가 지켜야 할 기준을 따르지 않은 기사이니 골라내기 쉽습니다.

'기레기(기자+쓰레기)'라는 말이 본격적으로 쓰이게 된 것은, 2014년 4월 세월호 참사 때 일부 언론들의 저질 보도가 계기가 되었습니다. 한 인터넷 언론은 사고 직후 "타이타닉, 포세이돈 등 선박 사고 다룬 영화는?", "SKT, 긴급 구호품 제공, 임시 기지국 증설 '잘생겼다~ 잘생겼다'"는 기사를 내보내 관심을 끌려고 했습니다. 한 공영 방송은 사고 당일 저녁 뉴스에서 희생자의 사망 보험금이 "한 사람당 최고 3억 5000만 원"이라고 보도를 내보내 시청자들로부터 분노를 샀습니다.

온 나라가 끔찍한 참사 앞에서 깊은 슬픔과 분노가 뒤엉켜 참담한 심정인데, 일부 언론과 기자들은 페이지뷰를 늘리기 위해 선정적 제목을 달고 애도 분위기에 찬물을 끼얹는 기사를 만들어 냈던 겁니다. 참사의 진실 규명과 감독 부처와 정부의 책임에 대한 집중 보도 대신 클릭 장사를 하고, 사람 목숨을 돈 문제로 취급하려는 기사를 내보낸 언론이 적지 않았습니다.

언론이 이런 '나쁜 보도'에 나서는 까닭에는 선정적 기사로 이용자 관심을 집중시켜 페이지뷰를 늘리려는 상업적 동기가 큽니다. 또한 특정한 기업이나 정치권력의 이익을 대변하고 대가를 누리려는 지저분한 거래 동기가 있습니다. 쇼핑몰, 유튜브, 소셜미디어에서도 홍보비와 협찬받은 것을 밝히지 않고 글을 쓰는 '뒷광고'가 문제됩니다. 보통 사람들도 후기를 쓸 때 '내돈내산'을 밝히는데 사람들에게 영향력이 크고 공정해야 할 언론이 윤리적 기준을 무시하고 뒷돈을 챙겨 가며 기사를 쓰면 안 되죠.

한쪽에 치우치지 않는 균형 있는 관점

그렇다면 좋은 기사는 어떤 조건을 충족시켜야 할까요? 뉴스(news)라는 말이 의미하듯, 세상에 알려지지 않은 새로운 사실을 확인해서 알리는 게 기사입니다. 특히 특권층이나 권력 기관, 대기업과 같은 힘 있는 세력이 감추고자 하는 비리나 잘못을 추적해서 확인한 뒤에 보도하는 게 좋은 기사입니다. 심층 취재, 탐사 보도라고도 말합니다.

또한 좋은 기사는 편파적이지 않고 균형감이 있어야 합니다. 무턱대고 한쪽 편의 입장이나 이익을 대변하는 게 아니라 양쪽의 입장을 두루 듣고 균형 있는 관점에서 보도하는 기사가 좋은 기사입니다. 사회적, 정치적 갈등은 대부분 다양한 이해관계자들이 서로 입장이 달라서 생기는 문제인데, 명확한 정답이 있지 않습니다. 시민이 언론을 통해서 이런 문제를 알게 되는데 건강한 여론을 만들고 현명한 판단을 하기 위해서는 한쪽에 치우치지 않는 균형 있는 관점을 지녀야 합니다.

물론 이런 특성을 지닌 기사가 쉽고 재미도 있어서 많은 사람들에게 두루 읽히고 공유되면 더욱 좋지요. 그래서 좋은 기사가 되기 위해서는 정확성, 공정성, 균형성, 취재 윤리 등의 기준을 따르면서 쉽고 바른 언어로 읽기 쉽게 작성되어야 합니다.

오보와
가짜 뉴스의
차이는?

요즘 가짜 뉴스 문제가 심각해서 가짜 뉴스를 만들거나 퍼뜨리면 처벌하겠다고 해요. 그런데 틀린 기사나 잘못된 기사가 가짜 뉴스인가요? 가짜 뉴스가 도대체 뭔가요?

사실이 아닌 뉴스를 '가짜 뉴스'라고 흔히 말하지만, 정확한 표현이 아니에요. 사실 신문에 100% 정확한 진실만 실리는 것은 아닙니다. 언론 기사는 신속성이 중요하기 때문에 정확하지 않은 경우가 흔히 있어요. 대표적으로 2014년 4월 16일 세월호 참사 당시 처음 방송사들의 보도는 배가 침몰했지만, 전원 구조됐다는 잘못된 내용이었지요. 엄청난 오보였고, 나중에 허위 보도로 재판까지 받았지만 무혐의로 결론이 났습니다. 세월호 오보에 대해서 언론사와 기자의 책임을 물을 수 없다는 이유는 일부러 오보를 낸게 아니었기 때문입니다.

66 속이기 위해 만들어 낸 99 거짓 정보, 가짜 뉴스

오보와 가짜 뉴스의 차이는 무엇일까요? '의도성이 있느냐'가 가장 큰 차이입니다. 오보는 언론이 결과적으로 잘못된 보도를 한 경우이지만, 가짜 뉴스는 처음부터 누군가를 속이기 위해서 사실이 아닌 걸 알면서 일부러 만들어 낸 거짓 정보입니다.

　잘못된 정보의 사례로는 루머(헛소문)와 사기꾼의 거짓말도 있습니다. 루머, 거짓말, 가짜 뉴스는 모두 누군가를 속이기 위해 만들어진 의도적인 허위 정보이지만 가짜 뉴스만의 특징이 있습니다. 가짜 뉴스는 뉴스의 형식을 갖추고 언론사의 진짜 보도인 것처럼 유통된다는 게 차이점입니다. 잘못된 정보를 기사처럼 보이게 만들면 사람들로부터 신뢰를 끌어내기 쉽다는 걸 사기꾼들이 잘 알기 때문이지요.

[속보] 설악산 흔들바위 굴려 떨어뜨린 미국인 관광객 11명 입건

강원도 속초 경찰서는 오늘 오전 11시 30분경 경기도 부천에 거주하는 설악산 관광 가이드 김 모(45) 씨의 설명을 듣다가 중요 지방 문화재 37호 '흔들바위'를 밀어 떨어뜨린 미국인 관광객 제럴드(42) 등 일행 11명에 대해 문화재 훼손 혐의와 문화재 보호법 위반 혐의로 입건했다. 이들 일행은 이날 새벽 5시 일출 관광을 마친 뒤 흔들바위 관광을 하면서 "이 바위는 아무리 흔들어도 흔들리기만 할 뿐 떨어지지는 않는다"는 가이드 김 씨의 말에 따라 평균 체중 89Kg의 거구인 11명이 힘껏 밀어낸 끝에 바위를 추락시켰다….

해마다 만우절이면 유포돼 한 번씩 속아 본 적 있는 유머지요. 이 유머가 많은 사람들에게 먹히는 이유도 기사의 형태를 띠고 있다는 점 때문입니다. 가짜 뉴스를 만드는 사람들은 심리 전문가이기 때문에 사람들이 기사의 형태를 띤 정보는 의심하지 않고 쉽게 신뢰한다는 점을 노리는 거지요. 그런데 스마트폰과 인터넷이라는 편리하고 똑똑한 정보 도우미를 누구나 지니고 있는 세상에서 왜 가짜 뉴스의 영향력은 더욱 커진 것일까요?

가짜 뉴스는 바로 이러한 편리함과 똑똑한 도구도 배경입니다. 여기에 디지털 시대에 무엇보다 중요한 '비밀'이 자리 잡고 있습니다. 도구와 기술은 강력해지고 똑똑해지고 편리해졌지만, 그 도구를 사용하는 사람은 현명해지지 않았기 때문입니다. 인터넷과 소셜 미디어라는 새로운 언론과 미디어에 대해서 사용자들이 제대로 이해하지 못한 채 사용하다가 벌어진 결과가 가짜 뉴스의 확산입니다.

'가짜 뉴스'가 본격적으로 문제가 된 것은 2016년 미국의 대통령 선거와 영국의 유럽 연합 탈퇴 국민 투표(브렉시트)에서 가짜 뉴스가 빠르게 전파되고 여론을 움직여서 투표 결과에 큰 영향을 끼친 게 계기였습니다. 그런데 가짜 뉴스는 이들 나라에서 몇 년 전에 일어난 '강 건너 불'이 아닙니다. 오늘날 소셜 미디어와 인터넷을 사용하는 사람들 모두에게 매우 중요한 문제가 되었습니다.

무엇보다 가짜 뉴스 확산은 모바일 환경에서 소셜 미디어가 뉴스 유통의 주요 도구로 자리 잡은 데 따른 현상입니다. 사람들이 소셜 미디어에서 뉴스를 읽을 때는 신문이나 방송으로 뉴스를 볼 때와 다른 방식으로 이용하고 있는 거죠. 뉴스는 우리가 사회생활을 하기 위해서 필요하고 중요한 소식을 전달하는 기능을 하는데, 소셜 미디어에서 뉴스를 볼 때는 중요한 뉴스보다 '많이 본 뉴스'나 충격적이고 선정적인 제목이 달린 기사를 주로 보게 됩니다.

또 소셜 미디어에서 반가운 소식이나 마음에 드는 뉴스를 만나면 읽어 보지도 않고 일단 '선공유'부터 하는 경우도 많습니다. 누가 전달해 준 뉴스인지 또는 사실인지 아닌지도 따져 보지 않고 공유하기도 하지요. 누구나 쉽게 정보를 전달하고 공유할 수 있게 해 준 소셜 미디어는 편리한 도구이지만, 그만큼 조심해서 사용해야 한다는 걸 잊지 말아야 합니다.

누구나 의심스러우면 그 자리에서 사실을 확인할 수 있는 스마트폰을 가지고 있잖아요. 그런데 왜 가짜 뉴스의 영향력은 더욱 커진 것일까요?

. . . .

가짜 뉴스가 판치는 현실은 인공지능 기술과 소셜 미디어의 대중화와 떼어서 생각할 수 없습니다. 인공지능 기술이 발달할수록 더 정교한 가짜 뉴스가 만들어져 유통됩니다. 인공지능과 기계 학습 알고리즘은 편리한 미래를 가져올 기술이지만, 가짜 뉴스와 같은 허위 왜곡 정보를 만들어 퍼뜨리는 데도 활용되고 있지요. 대표적인 게 '딥페이크(Deep Fake)'입니다. 유명 영화배우의 얼굴을 성인 영상물에 합성했는데 진짜인지 가짜인지 식별하는 게 불가능할 정도로 정교한 수준이었습니다. 국내에서도 딥페이크 기술을 이용해 조작한 성인 영상물이 유통되어 많은 여성 연예인들이 피해를 입었습니다.

인공지능의 목소리와 대화 내용이 사람과 구별할 수 없는 수준까지 발달한 겁니다. 인공지능 기술은 이처럼 손쉽게 '진짜 같은 가짜'를 만들어 내고 있습니다. 현재 딥페이크 기술은 약 15초 분량의 동영상만 있으면 누구든지 감쪽같은 가짜 동영상을 만들어 낼 수 있습니다. 대화형 인공지능 챗지피티는 웬만한 사람보다 훨씬 뛰어난 문장력과 독해력, 논리력을 지니고 있어, 순식간에 감쪽같은 가짜를 만들어 냅니다.

디지털 환경에서 가짜 뉴스가 큰 영향력을 끼치고 있는 현실은 미디어 환경이 달라졌기 때문입니다. 동영상과 이미지 기반의 소셜 미디어가 자리 잡고 누구나 모바일 인터넷으로 정보를 이용하는 환경은 정보를 편리하게 이용할 수 있게 해 줬지만, 가짜 뉴스를 만들어 퍼뜨리려는 사람의 힘과 영향력도 커지게 했습니다. 가짜 뉴스의 확산은 모바일 환경에서 소셜 미디어가 주된 뉴스 유통 수단이 됐다는 게 배경입니다. 스마트폰으로 항상 미디어를 이용하고 있고, 소셜 미디어는 가장 많이 사용하는 정보 이용 서비스지요. 뉴스와 콘텐츠도 소셜 미디어에서 유통되는 경우가 많지요.

66 정치적, 경제적 이익을 위해 거짓말을 퍼뜨려 99

가짜 뉴스가 기승을 부리는 이유는 모바일과 소셜 미디어 환경도 배경이지만, 가짜 뉴스를 만들어 내는 사람들의 의도도 중요합니다. 가짜 뉴스를 만드는 동기는 크게 두 가지입니다. 하나는 정치적 동기이고 또 하나는 경제적 동기입니다. 둘의 공통점은 자신들의 이익을 위해서 의도적으로 거짓말을 만들어 퍼뜨린다는 거죠.

선거처럼 권력을 차지하기 위해서 각 세력들이 신경을 곤두세우는 상황에서는 선거 운동이나 홍보를 통해서 많은 사람들에게 영향을 끼치려는 움직임이 늘어납니다. 사람들에게 소셜 미디어를 통해서 특정한 방향으로 인식 전환과 정치적 선택을 이끌어 내기 위하여 영향력을 행사할 수 있는 정보를 유통시키고자 하죠. 이 목적이 가짜 뉴스를 확산시키는 배경으로 작용합니다. 우리나라에서도 2016년 대통령 탄핵 심판을 앞두고 여론에 영향을 끼치려는 동기의 가짜 뉴스가 많았습니다.

가짜 뉴스가 생산되고 확산되는 것을 막기 어려운 이유는 누군가 물리적인 힘으로 다른 사람들에게 가짜 뉴스를 억지로 읽고 시청하게 만드는 게 아니기 때문입니다. 즉, 우리와 같은 이용자들이 많은 정보와 뉴스 중에서 가짜 뉴스, 허위 정보를 스스로 선택해서 읽는 경우가 많다는 얘기입니다. 내가 보는 뉴스를 누가 강요하지 않았습니다. 알고리즘이 소셜 미디어를 통해 나에게 많은 정보를 제공하지만 그걸 선택해 눌러 보는 사람은 바로 우리 자신입니다. 그러니까 기사를 읽는 우리가 무턱대고 믿기보다 항상 정보를 따져 볼 줄 아는 능력을 기르는 게 필요합니다.

12

가짜 뉴스에 빠지지 않으려면?

딥페이크와 인공지능 기술이 발달하여 진짜와 가짜를 구별하기 점점 어려워지면 가짜가 대량으로 만들어질 거 같아요. 어떻게 해야 가짜 뉴스에 속지 않고 현명하게 미디어 이용을 할 수 있을까요?

모든 것에 통하는 만능 도구가 있다고 생각하지 말고, 항상 기술과 미디어를 비판적으로 바라보아야 합니다.

언론사들은 의심스러운 주장이나 정보에 대해서 진실 여부를 파헤쳐 보도하는 '팩트 체크(사실 확인)' 코너를 운영하기도 합니다. 가짜 뉴스와 거짓 정보를 가려내는 법을 알려 주는 구체적이고 유용한 방법입니다. 하지만 이러한 가짜 뉴스 체크리스트나 팩트 체크도 한계를 갖고 있습니다. 이는 인터넷 세상에서 끊임없이 일어나는 해킹과 보안 사고와 같습니다. 창과 방패의 끝없는 경쟁처럼 아무리 철벽같은 보안 시스템을 운영해도 그것을 무력화시키는 새로운 해킹 기술이 등장하고 보안은 그 기술을 막아 내기 위해 또다시 진화합니다. 가짜 뉴스 체크리스트와 팩트 체킹 방법이 널리 알려지면 거짓 정보와 그에 속는 사람들이 사라질까요? 그렇지 않을 겁니다. 아무리 정교한 가짜 뉴스 체크리스트를 만들어도 시간이 지나면 더 지능적인 가짜 뉴스가 등장하는 세상입니다.

인공지능을 이용해 진짜 같은 가짜를 만들기는 매우 쉽지만 이를 적발하고 피하는 것은 결코 간단하지 않습니다. 무엇보다 미디어를 분별력을 갖추고 따져 보는 능력이 필요합니다. 이것을 '미디어 리터러시(media literacy)'라고 합니다. 그중에서도 핵심은 비판적 사고력입니다. 판단을 하고 식별을 하자면 기준으로 삼을 근거가 있어야 합니다. '비판적'이라는 단어도 무조건 삐딱하고 부정적으로 보는 것을 의미하는 게 아니라, 근거에 기반해 생각하는 것을 말합니다. 근대 과학이 발전할 수 있었던 것도 근거(사실)에 기반해 실험하고 상상함을 통해 가능했습니다. 이성적 사고는 종교적 신앙과 달리 근거를 필요로 합니다.

뉴스의 배경과 의도를 생각하며 비판적으로 읽기

미디어를 비판적으로 읽어 내기 위해서는 미디어가 전달하는 내용과 방법이 무엇에 근거를 두고 있는가, 그 기준이 적절한가를 생각하면서 받아들여야 합니다. 그러기 위해서는 이용자가 미디어를 수동적으로 받아들이는 게 아니라, 적극적으로 미디어의 내용과 방식에 대해서 자신의 생각과 기준을 적용해야 합니다.

"뉴스의 출처와 근거는 어디인가?", "이 뉴스는 왜 만들어지게 되었을까?", "이 보도로 인해서 누가 이익을 보게 될 것인가?", "뉴스를 전달하는 기자와 언론사는 어떤 성향을 지닌 곳인가, 믿을 만한 곳인가?", "뉴스에서 어디까지가 객관적 사실이고 어느 부분이 기자와 언론사의 의견인가?" 등을 스스로 질문하면서 뉴스를 읽어야 합니다. 팩트 체크를 거쳤다고 제시되는 뉴스에 대해서도 우리는 그 팩트 체크의 절차와 내용에 대해서 의심해 보아야 합니다. 사실 가짜 뉴스도 자신들의 보도가 가짜 뉴스라고 말하는 법은 절대 없습니다. 오히려 "이 기사는 우리가 전문가들을 통해 이러이러한 팩트 체크 절차를 거친 뒤에 보도하는 분명한 사실"이라고 강조합니다. 언론사가 아무리 팩트 체크 코너를 운영한다고 해도, 그 결과를 어떻게 받아들일지는 결국 이용자에게 달린 문제입니다.

하지만 하루에도 수십, 수백 번 만나는 뉴스에 대해서 항상 이렇게 꼬치꼬치 질문을 하며 읽는 것은 불가능합니다. 모든 뉴스에 대해 이렇게 많은 질문을 할 필요도 없습니다. 중요한 뉴스 또는 관심 있는 뉴스 하나, 둘에 대해서 위와 같은 질문을 품은 채 읽고 시청하는 훈련을 시작하는 것으로 충분합니다. 이러한 의문을 품고 뉴스를 꼼꼼히 읽은 뒤, 뉴스의 배경과 의도를 알아보는 시도를 해 보는 게 첫걸음입니다.

필터버블이란 무엇인가?

왜 사람들은 같은 사건에 대해서 정반대되는 생각을 갖는 걸까요? 다양한 뉴스를 이용할 수 있는데도, 자기 맘에 드는 뉴스만 골라 보고 한쪽으로 치우친 주장을 하는 이유는 무엇일까요?

대부분의 사람들이 자기가 보고 싶은 것 위주로만 보는 '필터 버블(Filter bubble)'에 빠져 있기 때문입니다.

인터넷이 생겨나기 이전은 매스 미디어 세상이었습니다. 사회의 주요한 정보가 신문과 방송을 통해서 모든 사람에게 동시에 제공되었지요. 사람마다 취향에 따라서 어떤 신문과 방송을 골라 볼 수 있었지만, 선택의 가짓수는 많지 않았어요. 또 신문과 방송 같은 매스 미디어가 일방적으로 제공하는 뉴스와 정보를 독자와 시청자는 받아들일 수밖에 없었습니다. 미디어가 보도한 내용에 불만이 있거나 의견이 있어도 수용자가 반응을 전달할 방법은 거의 없었습니다.

그런데 인터넷 이후에 크게 달라졌어요. 포털에 있는 많은 뉴스, 유튜브, 트위터, 인스타그램, 틱톡 등 수많은 미디어에서 누구나 자유롭게 선택해 이용하고, 또 댓글을 달거나 좋아요를 누르는 방식으로 손쉽게 피드백을 보낼 수 있게 되었지요. 많은 경우 소셜 미디어를 통해서 뉴스를 이용하게 됩니다. 그런데 페이스북이나 카카오톡과 같은 소셜 미디어에서는 기본적으로 성향이나 취향이 비슷한 사람들이 연결된 경우가 많지요. 취향과 관심사가 유사한 사람들끼리 모인 공간이다 보니 정보를 공유할 때 '좋아요' 반응도 더 뜨겁지요.

페이스북에서는 정치적 성향이 비슷한 사람들끼리 친구를 맺고 정보를 공유한다는 사실이 연구로 입증됐습니다. 그러다 보니 자신이 지지하는 정치 세력의 소식과 주장이 각자의 소셜 미디어에서 공유되는 현상이 일어납니다. 야당 지지자들이 연결된 소셜 미디어에서는 야당에 우호적인 뉴스 위주로 공유되고, 여당 지지자들이 모여 있는 소셜 미디어에서는 반대로 여당에 좋은 소식들 위주로 정보 유통과 피드백이 이뤄집니다.

어떤 집단이냐에 따라서 똑같은 현상을 두고 서로 다른 정보가 공유되고 공감이 생기지요. 아무리 오랜 시간 뉴스를 보아도 객관적 사실을 접하기보다 자신이 원하는 정보나 입맛에 맞는 정보를 이용하는 현상이 일어납니다. 페이스북을 통해서 많은 정보와 뉴스를 접하지만 내 페이스북의 타임라인은 나의 친구들이 공유하고 추천한 정보들로 채워지기 때문입니다. 정치적 정보만이 아니죠. 다른 뉴스와 정보도 각자 원하는 것에 맞춰서 전달됩니다.

맞춤형 콘텐츠를 이용할수록 편향적 사고에 빠지게 돼

소셜 미디어의 추천 알고리즘은 이런 성향을 부채질합니다. 인터넷의 맞춤화 기술은 사용자가 관심 있는 분야에 대한 전문적이고 풍부한 정보를 제공해 주고, 사용자가 선호하지 않는 정보는 웬만해서는 보여 주지 않습니다. 예를 들어 미국 민주당 지지자의 페이스북에는 선거에서 공화당이 유리하다는 뉴스가 노출되지 않는 방식이지요. 이렇듯 자기가 원하는 정보, 선호하는 뉴스 위주로 미디어를 이용하게 되면 아무리 오랜 시간 뉴스를 보아도 객관적 인식 대신 편향된 사고에 빠지게 됩니다.

소셜 미디어에서 개인별 추천과 맞춤 서비스를 주로 이용하다 보면, 특정한 성향의 정보와 관점에 갇히게 되는 효과가 있습니다. 마치 비눗방울에 갇힌 현상과도 비슷해, 이를 '필터 버블'이라고 말합니다. 이용자들은 스스로 선택했다고 생각하지만 맞춤형 필터가 걸러 낸 결과만을 만나고, 맞춤형 콘텐츠를 이용할수록 점점 더 필터 버블 속에 갇혀 객관적 사실 인식과 멀어지게 됩니다. 그 결과가 극단적으로 나타난 것이 바로 가짜 뉴스 현상이라고 보면 됩니다.

소셜 미디어를 통해서 우리가 만나는 뉴스와 정보는 기본적으로 나의 취향과 내가 관계 맺고 있는 지인들의 영향을 받은 정보라는 것을 알고 이용해야 합니다. 필터 버블을 통해 걸러진 정보, 소셜 미디어라는 울림통에서 실제보다 크게 증폭된 뉴스를 이용하고 있는 거지요. 필터 버블에 갇혀 있으면, 객관적이고 종합적인 정보를 파악하지 못하게 되고 자신만의 편협하고 왜곡된 세상에 머무르게 되는 위험에 빠지게 됩니다.

3장

뉴스의
기능

△△ 방송

14

나쁜 뉴스만 만드는 이유?

뉴스엔 범죄, 사고, 뇌물, 사기 사건이 대부분이에요. 좋은 일은 가뭄에 콩 나듯 하고 온통 나쁜 뉴스만 있으니, 뉴스를 보다 보면 우울해져요. 왜 세상엔 나쁜 뉴스만 있나요?

뉴스의 특징을 잘 알고 있네요. 언론은 새롭고 중요한 소식을 세상에 널리 알려야 하는데, 좋은 일보다는 나쁜 일을 알리는 경우가 훨씬 많아요. 수십 명이 죽고 다친 끔찍한 재난 사고와 엽기적이고 잔인한 범죄는 언론이 집중적으로 자세하게 보도하는 대표적인 뉴스예요. 그런데 사실 끔찍한 사건은 어쩌다가 한 번씩만 발생하고 사람들은 대개 평온한 일상을 살아가잖아요. 도대체 언론은 왜 좋은 소식은 멀리하고 나쁜 뉴스를 편애하는 걸까요?

결론부터 말하면, 살아가는 데 도움이 되기 때문입니다. 구석기 시대에 사냥과 채집으로 살아가는 사람들을 생각해 봅시다. 구석기인들에겐 살아가는 데 어떤 소식이 쓸모 있는 정보일까요? 어디에 가면 산딸기 열매와 물고기가 풍부하다는 정보도 중요하지만 그보다 더 중요한 것은 안전에 관한 정보입니다. 저쪽 숲속에는 호랑이가 살고 있고, 먹음직해 보이는 어떤 버섯과 나무 열매는 독이 있으며, 저 딸기 넝쿨 밑에는 물리면 큰일 나는 뱀이 살고 있다는 정보였습니다. 생존을 위해서는 먹을 것이 있는 곳에 관한 정보도 중요하지만, 생명과 안전을 위협하는 정보가 훨씬 중요하지요. 독버섯을 먹거나 독사에게 물리면 끝장이니까요.

언론은 각자 살고 있는 환경이 얼마나 안전하고 위험한지를 알려 주는 역할을 해야 합니다. 언론의 대표적이고 주요한 기능이 바로 '환경 감시'입니다. 그런데 구석기 시대의 사례처럼, 우리의 안전을 위해서는 좋은 뉴스보다 나쁜 뉴스가 훨씬 유용합니다. "안전에 조심해라"라고 두루뭉수리로 말하는 것보다 스마트폰에서 눈을 떼지 않고 걷다가 넘어져 다리가 부러진 친구나, 끔찍한 교통사고를 당한 주변 얘기가 훨씬 생생하고 기억에 남을 테니까요.

66 나쁜 뉴스는 99
우리의 안전에 도움이 돼

안전한 사회를 만들기 위해서는 부정적이고 나쁜 소식을 적극적으로 보도해야 합니다. 대표적인 게 범죄와 재난 보도입니다. 강한 바람이 불어서 건물 간판이 떨어져 사람이 크게 다치는 일이 일어났거나, 불량 식품으로 식중독 사고가 났다면 이런 뉴스를 알고 있어야 피하거나 대책을 세울 수 있으니까요. 태풍이 오면 방송에서 실시간으로 재난 방송을 편성해 피해 현황과 대피 요령을 알려 주는 까닭입니다.

눈살을 찌푸리게 하는 끔찍한 흉악 범죄도 마찬가지입니다. 각종 강도 사건이나 미성년 대상 성범죄, 어린이 납치 등의 범행이 언론에 자세히 보도되는 이유입니다. 범죄나 재난 같은 사회의 안전을 위협하는 일이 있는데 모른 척하면 절대 달라지지 않습니다. 비위생적인 식당에서 식중독 사고가 났다면, 그 소식을 널리 알려야 더 많은 사람들의 피해를 막을 수 있지요. 대중교통이나 놀이 시설에서 안전사고가 일어나면, 언론이 왜 사고가 났고 어떻게 해야 막을 수 있는지 전문가의 견해를 소개합니다. 문제가 무엇인지 밝혀져야 그걸 고쳐야 한다는 여론도 형성되고 대책도 마련되는 거지요.

그래서 언론에는 반갑고 좋은 소식보다 범죄, 사건 사고처럼 부정적인 뉴스가 주로 보도되는 겁니다. 그렇다고 언론이 언제나 나쁜 뉴스만 다루는 건 아니에요. 지금도 연말이면 이름을 밝히지 않은 사람이 몇 년째 빠지지 않고 거액의 이웃 돕기 성금을 냈다는 소식이 언론에 소개됩니다. 평생 알뜰하고 어렵게 생활해 모은 거액을 장학금으로 냈다는 소식, 위험을 무릅쓰고 곤경에 처한 낯선 사람을 구했다는 의인들의 사례도 종종 실립니다. 아이돌 스타가 팬클럽과 함께 지진 피해를 겪은 나라에 많은 돈을 모아 보냈다는 소식도 볼 수 있습니다. 그런 훈훈한 뉴스가 실리면 세상이 한결 따뜻해 보이기도 하고, 다른 사람들에게 선행이 전염되는 효과도 있습니다.

범죄나 사고 소식이 싫다고 외면해서는 오히려 나와 공동체의 안전이 위태롭게 됩니다. 하지만 언론에 흉악한 범죄와 끔찍한 사건 사고가 가득하다고 해서 세상을 비관적으로 볼 필요는 없습니다. 말한 대로 사람들에게는 안전을 무엇보다 중요하게 여기는 본능이 있기 때문에 주위에서 일어난 사건 사고에 눈과 귀를 기울이는 성향이 언론의 범죄 보도로 나타나는 것뿐입니다. 안전하게 살기 위해 우리는 세상에서 어떠한 일들이 안전을 위협하는지 알아야 하는 것이고, 언론은 그러한 안전 경고등의 역할을 하는 거죠. 언론의 이런 성격 때문에 '좋은 뉴스'보다 '나쁜 뉴스'를 크게 보도하는 성향이 있을 따름이지, 세상이 언론에 비치는 것처럼 삭막하고 무섭기만 한 곳은 아니라는 것을 이해해야 합니다.

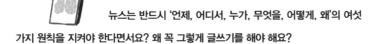

언론 보도 기사의 특징은 육하원칙(六何原則)을 지킨 글쓰기입니다. 육하원칙은 기사에 꼭 포함해야 하는 6가지 요소인 '언제(when), 어디서(where), 누가(who), 무엇을(what), 어떻게(how), 왜(why)'를 줄여서 일컫는 말이지요. 영어로는 여섯 단어의 첫 글자를 따서 '5W1H'라고 말합니다. 왜 기사는 육하원칙을 지켜야 할까요? 무엇보다 육하원칙은 사람들이 기사를 믿을 수 있게 만들어 주는 핵심 장치이기 때문입니다.

언론은 과학이 '객관적 실험'이라는 연구 방법을 통해 발달하는 것을 보고, 보도 기사에도 비슷한 장치를 마련하려고 했습니다. 언론은 다양한 사회 현상을 다루는데, 사회 현상은 물리 현상처럼 취급할 수 없습니다. 교통사고나 대형 화재를 똑같이 다시 일어나게 해서도 안 되고, 태풍 피해나 살인 범죄를 과학 실험처럼 현실에서 재현할 수도 없습니다. 사람들로 하여금 믿게 만들려면 누가 보더라도 확인과 재현이 가능한 방법이 필요한데, 언론 보도에 그러한 객관적 장치를 하려면 어떤 방법이 가능할까요?

언론은 과학으로부터 '검증 가능한 요소'라는 방법을 배워서 기사에 적용하게 됩니다. 그것이 바로 육하원칙입니다. 범죄 사건이나 화재 사고를 다른 곳에서 제3자가 그대로 재현하는 것은 불가능하지만, 그 사건을 보도하는 기사에서 누구나 확인할 수 있는 객관적인 요소들을 명기하도록 하는 방안이 바로 육하원칙입니다.

예를 들어 "얼마 전에 서울에서 오래된 건물이 무너져서 사람이 다쳤다더라"는 것은 확인되지 않은 소문에 불과하지만, 언론은 이런 제보나 소문을 듣고 취재를 해서 일정한 형식과 내용을 갖춘 기사로 만들어 냅니다. "○월 ○일 새벽 4시 15분께 서울 종로구 세종로 ○○의 2층 주택이 붕괴해, 잠자고 있던 김○○ 씨(72)가 무너지는 건물 더미에 다쳐 인근 병원으로 후송돼 치료 중이다. 소방 당국은 최근 사흘간 계속된 집중 호우로 지반이 약해져 지은 지 35년 된 해당 건물 일부가 붕괴한 게 사고 원인으로 추정된다고 밝혔다. ○○ 신문 이하늘 기자"라는 식입니다. 예로 든 이 기사는 육하원칙의 요소를 갖추고 있기 때문에 구체적인 내용을 파악할 수 있을 뿐만 아니라, 보도한 내용이 맞는지 틀리는지를 확인할 수 있습니다.

육하원칙을 담아 보도한 내용은 과학 실험처럼 재현할 수는 없지만, 기사의 내용을 누구나 확인할 수 있습니다. 검증이 가능하도록 기사에 투명성의 원칙을 적용하기로 하고 그 구체적인 방법으로 육하원칙이라는 기준을 만들어 따르게 했기 때문입니다. 검증을 통해 확인할 수 있으면 믿을 수 있습니다. 그래서 육하원칙은 객관성을 지향하는 언론 보도에서 쓰이기 시작하면서 이후 기사가 갖춰야 할 필수 요소로 자리 잡았습니다.

언론은 대형 재난이나 큰 사고, 또 중요한 사건은 반드시 생생한 현장 사진이나 영상을 함께 보도합니다. 한편 방송 뉴스나 신문 기사에는 취재한 기자의 얼굴을 보여 주거나 이름을 기사 끝에 표기합니다. 뉴스를 전달하는 앵커나 기자를 드러내는 이유도 기사의 객관성과 신뢰도를 높이기 위한 장치입니다.

육하원칙을 통해 객관적인 사실을 알 수 있어

그렇다면 기사에 육하원칙의 요소와 사진, 기자의 이름을 명확하게 드러내기만 하면 객관적인 보도가 될까요? 그렇지 않습니다. 객관적 보도는 기사의 필요조건이지만, 진실 파악을 위한 충분조건이 되지는 못합니다.

새로 나온 자동차를 사진으로 찍어서 보도한다고 가정해 봅시다. 자동차를 어떤 각도에서 찍는 게 가장 정확하고 진실에 부합하는 사진일까요? 오른쪽에서 촬영하거나, 앞에서 찍거나, 뒷모습을 포착하면 될까요? 어느 쪽에서 촬영하더라도 항상 가려지는 부분이 있고, 사진으로 전체적인 모습을 전달하는 데는 한계가 있기 마련입니다. 생생한 현장과 사물을 보여 주는 사진도 이러한

데, 복잡한 갈등 사안을 말과 글로 간단하게 전달하는 것은 한계를 지닐 수밖에 없습니다. 그래서 사람이 현상을 한 번에 완벽하게 파악하는 것은 거의 불가능합니다.

　언론이 보도할 때도 마찬가지입니다. 아무리 객관적 기사처럼 보이더라도 진실과 상당한 거리가 있을 수 있습니다. 조감도, 정면 사진, 측면 사진 등처럼 다양한 관점에서 바라본 여러 장의 사진이 있으면 좀 더 객관적으로 파악할 수 있습니다. 언론 보도도 마찬가지로, 다양한 관점에서 바라본 기사를 함께 읽는 게 좋은 방법입니다.

16

언론이 '최초'에 목매는 이유는?

뉴스는 경기에서 1등을 하거나 신기록을 세우면 무조건 크게 보도하더라구요. 뭐든지 새로운 걸 보도하는 게 뉴스(news)이겠지만 왜 언론은 '1등 주의'에 빠져 있나요?

언론이 '1등 주의'에 빠져 있다니 재미난 관찰이네요. 사실 뉴스는 '1등 주의'라기보다 '최초'에 집착하는 경향이 있어요. 처음 일어난 일은 크게 보도되지만, 두 번째는 거의 뉴스로 취급되지 않습니다. 여기엔 언론의 특성을 알려 주는 중요한 이유가 들어 있습니다.

오래전에 국내 한 전자 회사가 1등 주의를 주창하면서 "역사에서 2등은 기억하지 않습니다"라는 시리즈 광고를 제작해 화제를 모은 바 있습니다. 달에 첫발을 내디딘 우주 비행사 닐 암스트롱은 누구나 알지만 두 번째, 세 번째로 달에 착륙한 사람의 이름을 아는 이는 거의 없다는 내용이었습니다. 한 개그맨이 "1등만 기억하는 더러운 세상"이라고 패러디한 코미디의 오리지널 광고이기도 합니다.

언론은 이 광고보다 더 철저하게 1등만, 정확히 말하면 '최초'만 뉴스로 보도합니다. 2등 또는 서너 번째라고 보도하는 경우는 매우 드뭅니다. 왜 그럴까요? 왜 언론은 1등과 최초만 뉴스로 다루는 것일까요? 기업이 1등 주의를 지향하는 것과 언론이 1등 또는 최초를 중시하는 것은 차원이 다릅니다. 기업에게 1등은 최상의 품질과 최고의 고객 만족을 상징하는 것으로 최고의 시장 점유율과 수익성으로 이어집니다.

언론이 최초를 중시하는 것은 기업처럼 이윤을 추구하기 때문이 아닙니다. 언론에서 '최초'라는 것은 '변화'를 의미하기 때문입니다. 무슨 영역에서든지 최초의 사건이 발생하면 언론은 중요하게 다룹니다. 1953년 뉴질랜드 출신 산악인 에드먼드 힐러리가 에베레스트산(8848미터)을 인류 최초로 등정한 일은 전 세계에 크게 보도됐고, 그의 이름은 역사에 아로새겨져 있습니다. 힐러리의 등정 이후 수많은 산악인이 에베레스트산 정상에 올랐고, 최근에는 해마다 수백 명씩 등정자가 추가되고 있습니다. 하지만 그들 중에 힐러리처럼 에베레스트산 꼭대기에 오른 위대한 산악인이라고 보도되는 경우는 거의 없습니다. 똑같은 산을 올랐는데 언론은 왜 '최초'만 그토록 다르게 대우하는 것일까요?

최초는 불가능하던 일이 가능한 일로 변화함을 뜻해

'최초'의 사건은 지금까지 불가능하던 일이 비로소 가능해졌다는 의미를 갖습니다. 1969년 인류가 처음으로 달에 착륙했다는 사실이나, 1927년 최초로 대서양 횡단 단독 비행에 성공했다는 사실은 불가능으로 여겨졌던 한계를 극복했다는 의미를 갖는 것입니다. 최초는 불가능하던 일을 가능하게 만드는 길을 뚫는 것을 의미합니다. 이후에는 같은 경로를 활용하면 얼마든지 최초의 사례를 반복할 수 있습니다. 최초로 시험관 아기가 태어났을 때 또는 여성이 사관 학교에 처음 입학했을 때는 크게 보도됐지만, 그 이듬해부터는 뉴스가 되지 못합니다.

언론은 평온한 관계나 집회보다 과격한 시위나 첨예하게 대립하는 갈등 상황을 주요한 뉴스로 보도합니다. 시장 경쟁을 치열하게 벌이는 기업들의 소식, 국가 간의 무역 분쟁, 임금 인상을 놓고 노동조합과 기업주가 벌이는 갈등은 언제나 중요한 뉴스거리입니다. 싸움 구경이 본능이라고 하지만, 언론이 갈등 상황을 뉴스로 보도하는 이유는 따로 있습니다. 대립이나 갈등 상황의 배경에는 서로 다른 이해관계나 사고방식이 있어서, 그 원인이 해소되지 않는 한 대립과 싸움은 계속되기 마련입니다. 갈등 상황은 안정적이지 않기 때문에, 현재의 갈등이 무한히 지속될 수 없습니다. 결국 어느 쪽으로든지 방향이 정해지고, 결론이 나게 됩니다. 갈등은 현재의 상태가 변화할 것이라는 것을 미리 알려 준다는 점에서 뉴스가 되는 겁니다.

미디어의 으뜸가는 역할이 각자가 사는 주변을 살필 수 있게 해 주는 기능(환경 감시)인데, 뉴스는 단순히 어제 일어났던 일을 알려 주는 게 아닙니다. 이미 일어난 일들을 통해서 현재 무슨 일이 진행되고 있는지, 앞으로 어떻게 일이 전개될 것인지를 짐작할 수 있게 해 줍니다. 어제의 뉴스는 오늘 일어나는 현상의 이유와 배경을 설명해 주고, 나아가 미래를 예상하고 준비하게 만들어 주는 힘을 갖고 있기 때문입니다.

정부 없는 신문이 더 낫다는 게 무슨 말?

"나는 신문 없는 정부보다 정부 없는 신문을 원한다"는 말을 한 사람은 언론인이었나요? 정부를 반대하고 극단적인 언론 자유를 주장하는 말 같은데, 혹시 감옥에 가지 않았나요? 왜 지금도 이 문장이 전해져 오는 건가요?

이 말을 한 사람은 200여 년 전의 미국 사람 토머스 제퍼슨입니다. 제퍼슨은 이런 말을 했다고 해서 국가의 기능을 부정하는 무정부주의로 처벌받거나 감옥에 가지 않았어요. 오히려 '미국 건국의 아버지'로 추앙받았지요.

"나는 주저하지 않고 신문 없는 정부보다 정부 없는 신문을 선택하겠다"는 게 제퍼슨의 말입니다.

토머스 제퍼슨은 1776년 발표된 미국 독립 선언문을 작성하고 1801년부터 8년간 미국의 제3대 대통령을 지냈습니다. 그는 조지 워싱턴 미국 초대 대통령과 함께 미국의 독립운동을 이끌고 새로 건설되는 나라의 기틀을 설계한 '미국 건국의 아버지'로 불리는 정치인입니다. 그런데 대통령까지 지낸 제퍼슨이 "정부는 없어도 괜찮지만, 신문은 없으면 안 된다"며 차라리 '정부 없는 신문'을 선택하겠다는 과격하고 반정부적인 말을 한 까닭은 무엇일까요? 아마 다른 나라에서였다면 큰 소동이 일어났을지도 모를 발언입니다.

제퍼슨의 이 말은 18세기에 신문이 어떠한 역할을 했는지와 새로 건국된 미국이 어떠한 특성을 지닌 나라인지를 알려 주는 얘기입니다. 미국은 유럽 각 나라에서 대서양을 건너 북아메리카 대륙으로 이주해 온 사람들이 세운 나라입니다. 초기 미국에 정착한 사람들은 종교의 자유, 사상의 자유를 찾아서 또는 부자가 되기 위해서 살던 나라를 떠나 온 사람들이었습니다. 1776년 미국의 13개 주의 대표들이 독립 선언문을 발표하고 영국의 식민 통치로부터 벗어나기 위해 독립 전쟁을 벌입니다. 마침내 영국으로부터 독립한 시민들은 새로운 국가 건설에 나서는데, 그때까지 왕과 귀족들이 다스리던 유럽의 나라들과는 완전히 다른 국가를 만들고자 했습니다. 역사상 처음으로 일반 시민들이 나라의 주인이 되어 스스로 통치하는 민주주의 국가를 건설하기로 한 것입니다.

시민들이 직접 국가를 다스리려면 무엇이 필요할까요? 통치라는 것은 공동체에 필요하고 중요한 일들을 결정하고 수많은 일들의 우선순위를 정해야 하는 일입니다. 세금 징수나 국방, 교육 문제 또는 도로와 다리 건설처럼 모두에게 영향을 끼치는 중대한 일을 어떻게 처리할지 결정하는 일입니다. 예를 들어 핵폐기물 처리장을 지어야 하는데 모든 지역이 "우리 마을에는 절대 못 짓는다"라고 반대하는 경우처럼 복잡한 이해 다툼도 조정해야 합니다. 이처럼 공동체에 중요한 일을 시민들이 직접 결정하려면 어떤 능력이 필요할까요?

무엇보다 중요한 것은 시민들이 자신들이 사는 공동체에서 무슨 일이 일어나는지, 그리고 그 일들이 어떻게 처리되고 있는지를 제대로 아는 겁니다. 세상 일들에 대해 충분한 지식을 갖고 있어야 토론을 하며 의견을 주고받을 수 있고, 투표를 통해서 현명한 결정을 할 수 있습니다. 민주주의 사회는 시민이 결정하고 다스리는 사회인 만큼, 시민의 지식과 교양 수준이 무엇보다 중요합니다. 현명한 시민 없이 좋은 민주주의는 불가능합니다.

무엇보다 언론의 자유가 필요해

그렇다면 교양 있는 시민은 어떻게 길러질까요? 일차적으로는 교육을 통해서입니다. 학교는 사회생활을 위한 준비를 하는 곳입니다. 대학교를 졸업한 사람이라도 그때그때 사회생활에 필요한 최신 정보와 지식을 알고 있어야 현명한 판단과 선택을 할 수 있습니다. 현재와 미래에 나와 공동체에 무엇이 중요한 정보인지를 알려 주는 것은 미디어입니다. 의무 교육을 마치고 사회생활을 하는 성인들에게 필요한 지식과 정보를 제공하며 평생 교육을 하는 역할은 학교가 아닌 미디어가 수행합니다. 지금은 신문, 방송, 인터넷, 스마트폰 등 뉴스와 정보를 이용할 수 있는 다양한 미디어가 있지만, 100~200년 전에는 신문이 유일했습니다. 제퍼슨이 살던 18세기에는 언론이 신문만 있어서 그렇게 표현됐을 뿐, 그가 전하고자 하는 뜻은 '언론 없는 정부보다는 정부 없는 언론이 더 낫다'라고 보는 게 맞습니다. 언론이 허용되지 않는 세상은 끔찍하다는 이야기를 강조한 겁니다.

'언론 없는 정부'는 어떤 정부일까요? 신문이나 방송이 아예 없는 정부가 아닙니다. 언론 자유가 허용되지 않는 국가를 말합니다. 예를 들면 북한 같은 전체주의 독재 국가가 제퍼슨이 말하는 '신문 없는 정부'입니다. 언론 자유가 없으면 말을 하고 싶어도 말할 수 없습니다. 하고 싶은 말을 못 하면 어떻게 될까요? "임금님 귀는 당나귀 귀"라고 갈대숲에서 외친 뒤에 비로소 속이 후련해졌다는 왕궁의 이발사처럼 마음이 답답해져 병이 나고 말 겁니다.

제퍼슨이 '정부 없는 신문'을 통해 강조한 것은 언론의 자유입니다. 생각하는 존재로서의 사람이 자유롭게 생각을 펼쳐서 자신과 사회의 행복과 발전을 추구하기 위해서는 무엇보다 언론의 자유가 필요하다고 말한 겁니다.

18

뉴스 좀 모르고 살면 어때서?

일본 사람들은 왜 독도를 자기네 땅이라고 우길까요? 왜 역사 교과서에도 잘못된 사실을 기록하고 가르치는 걸까요?

우선, 독도는 일본이 아무리 우겨도 확실한 한국 영토입니다. 그런데 왜 일본 사람들은 독도를 자기네 땅이라고 우길까요? 일본 사람들 모두가 정신이 나간 것은 아닐 텐데, 왜 독도에 대해선 하나같이 몰상식한 생각을 갖고 있을까요? 바로 미디어 때문입니다. 일본에서 태어나 자란 사람은 어려서부터 언론에서 또 학교에서 독도가 일본 땅이라는 주장을 들어왔을 테니, 자연스럽게 미디어가 보도하는 대로 일본 땅 독도를 한국이 불법 점령하고 있다고 생각하는 거죠. 만약 우리도 일본에서 태어나 일본 학교를 다니며 자랐다면, 일본 사람들과 비슷한 생각을 품고 있을 가능성이 큽니다.

'호모 사피엔스(지혜로운 사람)'라는 명칭답게 사람은 생각하는 능력을 지녔다는 게 무엇보다 중요한 특징입니다. 사람마다 좋아하는 연기자나 뮤지션이 제각각입니다. 누구나 미래에 꿈꾸는 직업이나 하고 싶은 일이 있습니다. 사람마다 머릿속에서 좋아하는 대상이나 하고 싶은 일이 서로 다릅니다.

그런데 사람마다 생각은 다르지만 누구에게나 변함없이 마찬가지인 중요한 사실이 있습니다. 바로 우리가 지금 생각하는 것, 꿈꾸는 것이 날 때부터 엄마 배 속에서 갖고 태어난 게 아니란 거죠. 살아가면서 사람마다 각자의 환경에서 서로 다른 경험을 하고 생각을 하면서 자연스럽게 만들어진 겁니다. 또한 우리 생각과 느낌은 경험과 학습을 통해 만들어지는데, 시간과 돈을 들여 체험하는 직접 경험보다 간접 경험이 훨씬 많습니다. 간접 경험은 여러 종류가 있지만 미디어에서 기사와 영상을 통해 이뤄지는 게 대부분이지요. 학습도 책이나 인터넷 검색 등 미디어 이용을 통해서 진행됩니다. 한국인과 일본인들이 독도에 대해 다른 생각을 갖게 된 것은 각각 서로 다른 미디어 콘텐츠를 보고, 다르게 교육받았기 때문입니다.

66 내 생각과 느낌에 99 영향을 주는 미디어

우리의 생각과 느낌, 욕망은 각자 미디어에서 어떤 콘텐츠를 보았느냐에 따라 큰 영향을 받아요. 어떤 것을 먹느냐가 건강에 큰 영향을 끼치는 것처럼, 미디어에서 무엇을 읽고 보는지가 내 생각에 영향을 준다는 사실을 알고 있으면 우리는 나의 생각과 느낌을 스스로 만들어 갈 수 있습니다. 이것이 바로 미디어가 가진 가장 큰 힘입니다.

그래서 독재자들은 국민들의 생각을 통제하기 위해서 언론과 책을 통해 자유롭게 정보를 이용하지 못하도록 합니다. 군인들이 군사 반란(쿠데타)을 일으켜 집권할 때는 제일 먼저 방송사와 신문사 등 언론을 장악하고 위협해, 자신들을 지지하는 기사를 내보내도록 하지요. 외국에서는 물론이고, 우리나라에서도 1961년 5.16과 1979년 12.12 쿠데타가 일어났을 때 똑같이 재현된 장면입니다.

사람들은 대부분 각자 스스로의 생각과 판단을 통해 자신의 견해를 형성했다고 여기지만, 알고 보면 어떤 미디어에서 어떤 콘텐츠를 이용했는지에 큰 영향을 받는 거죠. 그것이 바로 언론의 힘입니다. 사람들의 생각에 영향을 주거나 특정한 정서를 만들어 낼 수 있는 힘을 언론이 갖고 있는 거죠.

미디어가 사람들에게 큰 영향을 끼치는 현상을 학술적으로는 '미디어 효과'라고 하는데, 처음에는 미디어의 내용이 총알이나 주사처럼 사람에게 즉각적으로 큰 영향을 준다고 해서 '강효과' 이론이 등장했습니다. 그런데 다시 연구해 보니 같은 뉴스나 영화를 본 사람들이 모두 한 방향으로 영향을 받는 것은 아니었습니다. 오히려 똑같은 기사라고 해도 전달해 준 사람이 누구인지에 따라서 사람들의 반응이 달라지는 현상이 관찰됐습니다. 그래서 미디어의 효과가 '제한적'이라는 이론도 있습니다.

그러면 우리는 각자의 생각을 스스로 만들기 위해서 미디어를 이용하지 않고 명상과 성찰을 통해서 나만의 견해를 만들어야 할까요? 그럴 수는 없습니다. 그것은 마치 세상에서 일어나는 중요한 일들을 외면하고 사회를 등지고 살겠다는 말과 같아요. 또 공부는 기본적으로 선생님의 수업이나 인강, 참고서 등 미디어를 통해 이뤄지는데 미디어를 외면하고는 정상적인 생활을 할 수 없지요. 미디어는 공기나 물처럼 우리가 거부하고는 살 수 없는, 필수적 사회 환경입니다. 사실 우리는 모바일과 소셜 미디어 등 편리한 기술을 통해 점점 더 많이 미디어를 이용하고 있습니다. 그런데 미디어는 우리에게 즐거움을 주면서 한편으로는 소중한 주의력을 과도하게 요구하는 두 얼굴을 갖고 있습니다.

19

오보로 인한
피해 배상,
가능할까?

언론이 잘못된 보도를 해서 기업이나 개인이 피해를 입으면 언론사가 배상해 주나요? 기사 때문에 피해를 당했을 때 법원에 소송을 하면 배상 판결을 받아 낼 수 있는 건가요?

교통사고나 다른 재산상의 손실을 입었을 때 가해자가 피해자에게 보상을 해 주지만 잘못된 보도로 인해 피해를 입었을 때는 다르게 처리됩니다. 피해 배상 소송을 하기도 매우 어렵습니다. 왜냐하면, 언론사가 결과적으로 잘못된 보도를 한 것이 드러나고 그래서 피해를 입었다고 해도, 그것을 피해자가 입증해 내기가 매우 어렵기 때문입니다. 또한 언론사가 의도적으로 누군가에게 피해를 끼치기 위해서 잘못된 기사를 일부러 보도한 게 아니라면 소송을 해도 실익이 거의 없습니다. 민주주의 사회에서는 언론의 자유가 폭넓게 보장되기 때문입니다.

그런데 잘못된 언론 보도로 인해서 큰 피해가 생기는 경우도 드물지 않습니다. 1989년, 그 당시까지 수십 년 동안 국내 라면 업계 1위였던 식품업체가 라면을 제조하는 데 '공업용 쇠기름'을 사용했다는 사실이 크게 보도되었습니다. 소비자들은 분노하고 대대적인 불매 운동과 반품 사태가 일어났고, 해당 업체는 하루아침에 부도 위기에 몰렸습니다. 검찰이 제보를 바탕으로 발표한 수사 결과는 미국에서는 식용으로 인정받지 못한 쇠기름을 썼다는 것인데, 이는 미국과 한국의 식품 문화가 다른 게 원인이었습니다. 정부의 식품 안전 담당 부처에서 정밀 조사를 한 결과, 식용에 전혀 문제가 없는 기름이었습니다. 보건 당국에서 안전하다는 조사 결과가 나왔고, 나중에 대법원 판결에서도 아무 문제 없는 라면이라는 게 최종 확인되었지만 해당 식품업체가 입은 피해와 신뢰도 손상은 돌이킬 수 없었습니다.

잘못된 언론 보도는 엎질러진 물…

2004년에는 '쓰레기 만두' 소동이 일어났습니다. 경찰은 25개 식품 회사가 단무지 공장에서 단무지를 만들고 남는 자투리 무 조각 등을 납품받아 만두에 재료로 썼다며 그 명단을 공개했습니다. 그런데 이 자투리 무 조각은 단무지 업체가 사용하기에는 모양과 크기가 적당하지 않아 버려지는 것이었고, 만두소로 사용하는 데는 문제가 없는 재료였습니다. 하지만 경찰은 다른 업체가 버리는 식재료를 수거해 만두소로 사용한 것이 문제 있는 것처럼 발표했고, 언론은 버리는 무 조각을 이용해 만두 속을 채웠다며 이를 '쓰레기 만두'라고 표현했습니다. 한 식품업체 사장은 결백을 주장하는 유서를 남기고 스스로 목숨을 끊는 안타까운 일도 일어났습니다. 정확한 조사 없이 경찰이 잘못된 수사 결과를 발표하고, 언론은 이를 '쓰레기 만두'라고 더 자극적으로 표현하면서 식품업체들과 소비자들의 피해가 회복할 수 없이 커졌습니다.

2007년 국내 최대 방송사의 소비자 고발 프로그램은 당시 인기리에 판매되던 황토팩 제품에서 인체에 유해한 중금속이 다량 검출됐다는 보도를 내보냈습니다. 방송 프로그램은 황토팩 가루에 자석을 들이댄 결과 쇳가루가 많이 들러붙는 화면을 내보내면서 황토팩 제조 공정에서 기계의 쇳가루가 마모되어 제품에 다량 들어간 것으로 추정된다고 보도했습니다.

그러나 이 방송 보도 내용은 전혀 사실이 아니었습니다. 자석에 들러붙은 물질은 기계에서 나온 쇳가루가 아니었습니다. 황토 자체에 포함된 산화철이라는 고유 성분이고, 인체에 전혀 해롭지 않은 물질이라는 것이 식품 의약품 안전처 조사로 확인됐습니다. 하지만 '중금속 황토팩' 방송 프로그램이 보도된 이후 한 해 매출이 1700억 원을 넘던 이 회사 매출은 폭락하고, 환불 요청이 몰려들면서 회복할 수 없는 타격을 입었습니다. 유명 여성 탤런트가 경영하던 이 업체는 결국 폐업하고 이 여성은 우울증에 시달리다가 암에 걸려 사망해 더욱 안타까웠습니다. 법원에서도 나중에 황토팩에 전혀 문제가 없으며 잘못된 보도라고 판결을 내렸습니다. 법원 판결에 따라 방송사는 보도가 잘못됐다는 정정 보도를 했지만 파산한 기업체가 되살아나지도, 짓밟힌 명예와 신뢰가 회복되지도 않았습니다.

오보로 인한 피해 배상 소송이 어려운 대신, 잘못된 보도로 인한 피해를 구제해 주는 제도가 있습니다. 국가에서 무료로 운영하는 언론 중재라는 제도입니다. 이는 언론 중재 위원회라는 기구를 통해서, 잘못된 언론 보도로 피해를 입었을 경우 재판 절차 없이 언론사와 피해자 간의 요구를 조정해 주는 제도입니다. 잘못된 언론 보도의 경우 정정 보도를 하게 하고, 일방적인 언론 보도에 대해서는 반론 보도를 요청할 수 있도록 하고 있습니다. 하지만 이런 언론 피해 구제 절차에도 불구하고, 효과는 사실 크지 않습니다. '엎질러진 물'처럼 일단 보도되면 그 내용을 주워 담거나 없었던 일로 독자들의 생각을 바꾸는 것은 쉬운 일이 아니기 때문이지요.

왜 펜을 들고 전쟁터로 갈까?

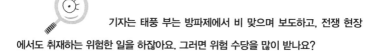

홍수나 태풍, 산사태 등 재난이 닥쳤을 때 TV를 보면 구조대를 빼고는 모든 사람이 재난 현장에서 빠져나오는데, 기자는 오히려 카메라를 들고 피해 현장으로 들어갑니다. 생생한 현장 보도를 위해서 흙탕물 속으로도 들어가고 쓰레기를 만져 보는 것도 꺼리지 않지요. 노숙자 실태를 취재하기 위해 노숙자와 함께 생활하기도 합니다. 전쟁이 나면 방탄조끼를 입고 전투 현장으로 뛰어듭니다.

총 대신 카메라와 노트북을 든 이런 기자들을 종군 기자라고 하는데, 러시아-우크라이나 전쟁 때 한국 기자들도 위험을 무릅쓰고 우크라이나로 취재를 떠났습니다. 그러다 보니 간혹 상대편 군대에 포로로 잡히거나 총을 맞고 숨지는 일도 있습니다. 중동 등 분쟁 지역에서 취재 활동을 하다가 숨지는 언론인이 세계적으로 1년 평균 100여 명에 이르니, 기자는 힘들고 위험한 직업입니다.

그런데 그런 일을 한다고 해서 기자가 돈을 많이 버는 직업은 아닙니다. 사회 곳곳의 생생한 사건 현장을 직접 보고 취재해 알리는 일을 보람으로 여기는 사람들이 주로 기자가 됩니다. 하지만 기자가 힘들고 위험한 일만 하는 직업은 아닙니다. 개봉을 앞둔 영화는 제일 먼저 기자들을 초청해 시사회를 열고, 자동차도 새 모델을 발표할 때 기자들을 불러서 제일 먼저 차량을 탑승해 보고 시승기를 쓸 수 있도록 차를 빌려 주기도 합니다. 월드컵 축구 경기나 올림픽 경기, 주요 종목의 세계 선수권 대회가 열리면 스포츠 기자는 경기가 개최되는 외국의 스타디움을 찾아 보도하고 선수들을 인터뷰합니다. 프랑스 칸 국제 영화제나 이탈리아 베니스 국제 영화제에 한국 영화가 본선에 진출하면 영화 담당 기자는 현장으로 가서 레드 카펫을 밟는 감독과 영화배우들을 만나서 취재합니다.

정치를 담당하는 기자는 대통령이나 총리, 장관 등 중요한 직책의 공무원을 만나서 취재합니다. 대통령이 외교 활동을 위해 유럽이나 동남아시아로 순방을 가면, 기자들도 대통령 수행단과 함께 대통령 전용기를 타고 현지에 도착해 대통령의 말과 행동을 보도합니다. 여행 기자는 출장으로 세계 유명 여행지를 돌아다니며 경험한 것을 보도하는 게 임무입니다. 음식 담당 기자는 이름난 맛집을 찾아 소개하고 직접 음식 맛을 보고 기사로 전달합니다. 문화 담당 기자는 영화평이나 연주회 기사를 쓰기 위해 좋은 좌석에서 영화와 콘서트를 감상하고 영화감독과 연주자를 만나 인터뷰합니다.

기자는 국민의 눈과 귀를 대신하는 직업

위험하면서 힘든 현장에 투입돼 취재하는 기자와 흥미진진한 현장에서 인기인을 직접 만나 취재하는 기자. 두 가지 가운데 어느 쪽이 기자의 진짜 모습에 가까울까요? 두 측면 모두 기자의 직업적 일상입니다. 사실 위험하고 힘들어 보이지만 기자들은 그런 현장 취재를 그다지 꺼리지 않아요. 기삿거리가 없는 평범한 일상보다 시끄럽고 때로는 위험하지만 생생한 현장을 기자들은 선호합니다. 또 기자들이 해외에 취재를 간다고 해도 사실 취재하고 인터뷰하는 일이 대부분이고 관광이나 여행을 할 틈은 거의 없어요.

기자는 자신이 맡은 취재 업무를 열심히 할 따름인데, 어떨 때는 멋지게 보이고 어떨 때는 고생스러워 보일 따름입니다. 그리고 한 기자가 연예인도 취재하고 스포츠 스타도 취재하고 정치인도 취재할 수는 없지요. 각자 담당하는 분야에 따라서 취재 영역과 인터뷰 대상들도 달라지게 됩니다. 기자들 숫자도 수만 명이 되니 취재 경쟁도 치열해서, 기자는 놀고 즐기면서 할 수 있는 일은 아닙니다.

언론은 국민의 알 권리를 충족시키기 위한 도구이고, 기자는 국민의 눈과 귀를 대신하는 직업입니다. 모든 사람이 사건·사고 현장에 가 보거나 궁금한 사람을 만나 직접 물어볼 수 없으니, 언론과 기자가 그 역할을 맡는 겁니다. 그래서 기자는 자신이 원하는 것을 선택하거나 피하는 게 아니라, 사회적으로 중요하고 사람들이 궁금해하는 일을 직접 보고, 경험해 전달하는 게 본업입니다. 일이 힘든지, 재미있는지보다는 얼마나 독자들이 궁금해하고 중요하게 받아들일 뉴스인지가 중요합니다.

4장

또 하나의 뇌 '소셜 미디어'

검색만 하면 다 나와?

스마트폰으로 검색하면 무엇이든지 누구나 바로 알 수 있는 세상이잖아요. 그러니 빠르게 검색해서 답을 찾는 게 공부 잘하는 것보다 더 중요한 능력 아닌가요?

스마트폰이 없던 시절에는 "걸어다니는 백과사전이야", "완전 컴퓨터 같은 사람이야"라는 말이 최고의 인재라는 말이었지요. 많은 정보를 정확하게 알고 있는 게 뛰어난 일 처리 능력을 보증하는 셈이니 당연했어요. 인터넷 초기였던 2000년대 초반 우리나라에서는 '정보 검색사 자격증'을 따려는 사람들이 많았고, 정보를 빨리 찾는 '정보 사냥 대회'가 많이 열렸어요. 이제는 더 이상 볼 수 없는 풍경이지요. 누구나 손 안에서 바로 검색할 수 있으니 컴퓨터 같은 사람, 백과사전 같은 사람은 더 이상 인재가 아니고, 오히려 인공지능에 직업을 빼앗길 위험이 커졌지요.

그러니 오늘날에는 정보가 어디에 있는지를 찾아내는 능력이 중요해졌다고 해요. 노하우(Know how)가 아니라 노웨어(Know where) 능력을 갖춰야 하는 세상이 됐어요. 검색이 인터넷 이용의 출발점이다 보니 검색업체가 포털(관문)인 셈이고, 구글과 네이버 같은 곳은 거대한 인터넷 기업이 됐어요. 정보가 넘쳐 나는 세상을 지혜롭게 살아가기 위해서 정보 검색 능력은 가장 중요한 능력 중의 하나예요. 그런데 검색 능력은 단지 원하는 정보를 빠르게 잘 찾는 걸 말하는 게 아닙니다.

구글이 세계 최고의 인터넷 기업으로 성장하게 된 이유는 뛰어난 검색 결과 덕분입니다. 키워드를 검색하면 '운 좋은 예감(I'm feeling lucky)'이라는 명칭으로, 이용자가 가장 만족할 만한 결과를 제공했습니다. 그렇다면 검색 능력은 좋은 검색 엔진에서 맨 위에 배열된 검색 결과를 선택하면 끝일까요?

그렇지 않습니다. 검색을 현명하게 이용하는 방법은 검색 결과 맨 위에 노출된 정보를 빨리 선택하는 게 아닙니다. 먼저 왜 검색이 중요한지를 알아야 해요. 검색 능력은 두 측면에서 갈수록 중요합니다.

첫째, 점점 정보가 많아지고 있으니 정보를 잘 찾는 능력이 없으면 원하는 정보를 찾지 못한 채 불필요한 정보 더미에 파묻히고 시간과 주의력을 낭비하게 됩니다. 푸시 알림과 자동 재생 등으로 내가 선택하지 않은 정보를 나도 모르게 이용하게 되는 시간이 점점 늘어나고 있어요. 우리가 주도적인 정보 이용 습관을 갖추려면 정보 검색 능력이 필수입니다.

둘째, 인공지능 환경이 되면서 점점 더 부정확하거나 거짓된 정보가 늘어나면서 스스로 정보를 검증해야 할 필요가 커지고 있습니다. 그런데 콘텐츠 추천, 맞춤화 서비스가 늘어나면서 정보를 직접 찾거나 검증하는 사람들은 오히려 줄어들고 있어요. 직접 정보의 출처를 찾고 검증하는 능력이 중요해지는 까닭입니다.

아빠와 내가 검색한 '우리 동네 맛집'이 달라

자기 주도적인 정보 이용을 하려면 제공되는 정보를 수동적으로 이용하기보다 자신이 원하는 것을 적극적으로 검색하는 습관이 출발점이지만, 알아야 할 게 있어요. 검색 결과가 항상 공정하고 정확한 것은 아니라는 것을 알고 이용하는 거예요. 검색 결과는 검색 엔진마다 또는 검색하는 사람이 누구인지, 어디에 있는지, 그동안 어떤 정보를 주로 검색해 왔는지에 따라서 달라집니다. 아빠와 딸이 각각 스마트폰에서 '우리 동네 맛집'을 검색해 보면 다른 결과가 나옵니다.

"통일 신라의 마지막 임금은?"과 같은 단순한 정보가 궁금할 때 검색은 영어 사전을 찾듯이 간단하지만, "통일 신라는 왜 패망했는가?"와 같은 정보는 한두 차례의 검색이나 챗지피티에 물어서 답을 얻으려고 해서는 곤란합니다.

검색은 나만의 답안과 생각을 만들어 내기 위한 1차 재료일 따름입니다. 혁신적인 스마트폰을 개발해 세상을 바꾼 스티브 잡스는 "훌륭한 목수는 장롱의 보이지 않는 부분에도 질 낮은 목재를 쓰지 않는다"고 말하며 완성도 높은 제품을 만들라고 했어요. 우리도 생각을 구성하는 재료를 제대로 된 것들로 장만해야 단단한 자신의 생각을 만들 수 있는 법입니다. 검색을 이용하는 것은 당연하지만, 검색 결과가 내가 찾던 내용인지, 정확하고 믿을 만한 정보인지를 따져 볼 줄 알아야 합니다.

다르게 표현하자면, 이는 해당 검색 엔진에서 검색 결과가 무엇의 영향을 받는지 따져 보고, 정보의 출처가 어디인지를 확인하거나 직접 방문해 보는 일입니다. 이를 위한 구체적인 방법으로는 여러 개의 검색 엔진을 사용해 보는 것, 또는 구글이나 빙에서 영어로 검색해 보는 것입니다. 검색 키워드도 몇 차례 바꿔 가면서 질의해 보고, 여러 페이지를 열어 보는 것도 좋은 습관입니다. 검색 결과를 이용할 때는 소셜 미디어나 개인 블로그보다는 여러 사람이 검증하고 출처 정보가 달려 있는 전문 정보 사이트의 결과가 유용합니다. 위키피디아가 대표적이지요. 설명에서 궁금한 내용은 링크돼 있는 출처와 관련 정보를 직접 방문해 보는 게 좋습니다.

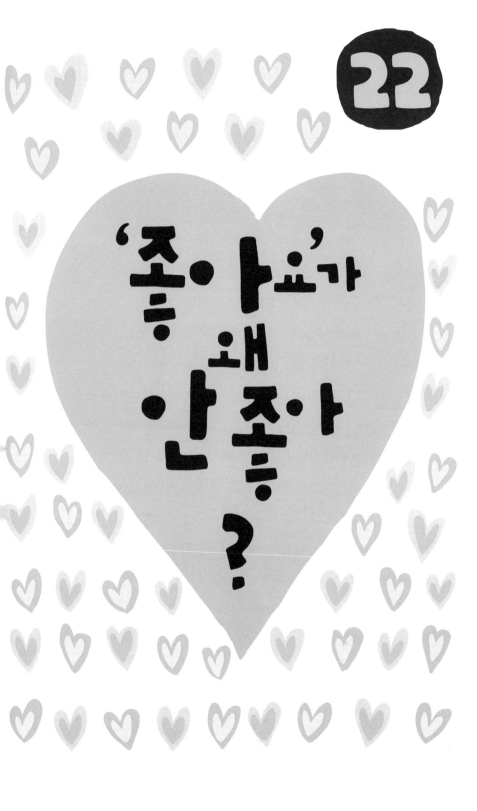

22

'좋아요'가 왜 안좋아?

인스타그램이나 페이스북에 올린 글과 사진에 '좋아요'를 받으면 기분 좋은데, 친구가 봤는데도 '좋아요'를 안 눌러 주면 기분이 안 좋아져요. 나만 이상하게 느끼는 것인가요?

아니요. 아주 자연스러운 반응입니다. 내가 올린 글과 사진에 '좋아요'가 눌러지면 알람이 오고, 그때마다 우리 뇌에서는 쾌락을 느끼게 해 주는 신경 전달 물질(도파민)이 분비됩니다. 기분이 좋아지는 건 당연한 일이지요. 그런데 우릴 기분 좋게 해 주는 '좋아요'의 효과가 워낙 강력하다 보니, 기대했던 '좋아요'를 못 받거나 아니면 남보다 덜 받았다는 걸 의식하게 되면 기분이 안 좋아집니다. 공급받으면 즐겁고 그게 끊기면 금단 현상이 나타나는 특징이 다른 뭔가와 비슷하지요? 네, 중독 물질들이 바로 그런 특징을 갖고 있어요. 알코올, 니코틴, 마약 등이 그렇지요.

소셜 미디어에서 멋진 사진이나 감동적인 글을 만나면 우리는 '좋아요' 버튼을 눌러서 동의와 감사를 표시합니다. '최고'라며 엄지손가락을 치켜든 모양의 '좋아요' 버튼은 콘텐츠를 즐긴 사람이 작성자에게 보낼 수 있는 편리하면서도 손쉬운 공감 수단이지요. 소셜 미디어에 '좋아요' 버튼이 생기기 전에도 비슷한 기능을 했던 메뉴가 있어요. 뉴스 기사나 게시판의 게시글 아래에 보면 '추천', '별점 주기', '멋져요', '별로예요' 등의 버튼이 지금도 달려 있습니다. 좋은 내용인지 아닌지를 알려 주는 지표 역할을 하지만 '좋아요' 같은 강력한 효과는 없어요.

그런데 소셜 미디어에서 '좋아요'는 특별하고 강력합니다. 소셜 미디어에서 '좋아요'가 눌러지면 원글을 쓴 작성자에게 방금 누가 '좋아요'를 눌렀다는 알림이 바로 깜빡거리니 놓치지 않습니다. 뉴스나 게시판 사이트와 달리 소셜 미디어는 내가 아는 사람들과 친구들이 연결된 네트워크인데 내 친구가 내가 올린 사진에 '좋아요'를 눌렀다는 소식을 받으면 당연히 기쁨이 두 배인 거죠. 또 '좋아요'가 많이 달린 콘텐츠는 소셜 미디어의 알고리즘에 따라서 주요하게 노출되고 더 많은 '좋아요'와 '공유하기'로 이어집니다.

'좋아요'는 유명인이나 거대한 미디어 회사가 만든 콘텐츠가 아니어도 이용자들로부터 충분히 많은 반응을 얻으면 소셜 미디어에서 주요하게 노출될 수 있고 사람들의 주목을 받을 수 있게 해 주는 기능이지요. 인터넷 콘텐츠 생태계를 더 풍부하게 만들어 주는 역할을 합니다. 실제로 유튜브에서 인플루언서가 공들인 콘텐츠를 방송하면서 하는 부탁도 그래서 '좋아요'와 '구독하기'인 겁니다.

'좋아요' 버튼은 소셜 미디어에서 혈액처럼 중요한 기능을 해요. 혈액은 우리 몸을 구석구석 돌아다니면서 산소와 영양분을 공급해 생명을 유지할 수 있게 해 주지요. 소셜 미디어에서 '좋아요'

도 비슷한 역할을 합니다.

　소셜 미디어를 운영하는 플랫폼 기업에게 '좋아요'는 거의 데이터의 금광입니다. '좋아요'는 이용자가 무엇에 관심을 갖는지, 어떤 콘텐츠를 주로 공유하는지, 누구의 글과 사진에 '좋아요'를 더 많이 누르는지 등을 통해서 이용자의 취향을 비롯한 밖으로 드러나지 않은 정보까지 알려 주는 현미경 같은 존재입니다.

　'좋아요'는 개인의 취향과 선택을 드러내는 행동이기 때문에 고객과 유권자에 대한 상세한 정보를 찾는 기업이나 정치인에게는 매우 소중한 가치를 갖고 있습니다. 표적 광고를 보여 주면 구매 확률이 높아지니까요. 그런데 '좋아요'를 눌렀다는 이유만으로 어려움에 처한 경우도 적지 않아요. 미국에선 선거 때 상대편 후보나 동성애자 지지 단체에 '좋아요'를 눌렀다가 해고된 사례도 드물지 않습니다.

　또 '좋아요'는 개인의 은밀한 정보와 취향을 보여 주는 거울이기도 합니다. 영국 연구진은 무작위로 수집한 페이스북 '좋아요' 5만 8천 개를 분석한 결과 인종, 성적 취향, 지지 정당 등 프라이버시 정보를 정확하게 파악할 수 있었어요. 내가 말하지 않은 나의 비밀도 소셜 미디어에서 '좋아요'만 분석하면, 누군가 손금 들여다보듯 볼 수 있다는 거지요. 만약 나쁜 의도를 가진 사람이 상대방의 소셜 미디어와 '좋아요'를 분석한 뒤에 접근한다면, 우리는 무방비로 당할 수도 있답니다.

'좋아요' 개수를 비교하면 우울감이 생겨

'좋아요'가 너무 매력적이다 보니 '좋아요'의 부작용도 많습니다. 더 많은 '좋아요'를 받기 위해서 콘텐츠에 정성을 기울이기보다 포장과 겉모습에만 신경을 쓰는 경우도 있구요. 기대한 만큼 '좋아요'가 달리지 않거나, 다른 사람과 '좋아요' 개수를 비교하다 보면 오히려 우울감이 생기고 자존감이 떨어지기도 해요.

한 초등학교 선생님은 미술 시간에 학생들에게 각자 간단한 그림을 그리고 온라인에 공유하고 친구들의 좋은 작품에 '좋아요'를 누르게 했더니 뜻밖의 결과가 생겨났다고 말합니다. 학생들이 열심히 각자의 그림을 그리는 활동을 하고 있었는데, '좋아요' 단추가 생기자마자 그림 그리는 데는 관심이 없어지고 누가 더 '좋아요'를 많이 받는가에만 신경을 써서 수업이 엉망이 되어 버렸다는 얘기예요. 그 선생님과 학생들은 그게 '좋아요' 때문이라는 걸 알고, '좋아요' 버튼을 없애 버렸답니다.

'좋아요' 버튼 자체가 나쁜 건 아니에요. 그런데 그게 너무 매력적이다 보니 술이나 담배, 마약처럼 이용자에게 중독으로 인한 금단 현상을 부를 수 있다는 걸 알고, 적당히 써야겠지요.

친구와 함께 찍은 사진을 내 SNS에 올리는 게 문제되나요? 그러려면 항상 미리 허락을 받아야 하나요? 만약에 우리 반 단체 사진을 올리려면 스무 명 모두에게 허락을 받아야 하나요?

인스타그램, 페이스북 등 소셜 미디어를 보면 셀카도 많지만, 친구랑 함께 찍은 사진도 많아요. 가끔 거리 풍경이나 쇼핑몰 사진을 올렸는데, 지나가는 사람의 얼굴도 함께 찍혀 있는 경우도 많지요. 이런 경우는 대부분 사진에 찍힌 사람의 허가나 동의 없이 누군가의 소셜 미디어에 올라간 것인데 별 문제 없을까요?

이 문제에 대한 답은 상황에 따라 달라서, 경우에 따라 문제가 될 수도 있고 문제가 안 될 수도 있어요. 그 조건을 알아볼까요.

사람들은 누구나 초상권을 갖고 있어요. 초상권은 '자기 얼굴이 허가 없이 촬영되거나 공표되지 않을 권리'로, 헌법이 보장해요. 소셜 미디어는 개인의 사적인 공간인 동시에 많은 사람에게 노출되는 특성이 있지요. 누군가와 찍은 사진을 내 폴더에 저장해 둔 경우와 달리 소셜 미디어에 올려놓으면 많은 사람이 아무 때나 접근할 수 있게 되니, '공표'에 해당합니다.

그렇다면 소셜 미디어에 허락을 받지 않고 올라가 있는 단체 사진이나 친구와 함께 찍은 사진은 모두 초상권 침해에 해당할까요? 사진에 찍힌 당사자의 의사에 따라 달라집니다.

예를 들어볼까요. 친한 친구가 나와 함께 교실에서 찍은 사진을 소셜 미디어에 올리고 '멋진 나의 친구'라고 제목을 단 경우와, 맘에 안 드는 친구가 단체 사진 찍은 걸 올려놓고 '우리 반 말썽꾸러기들'이라고 설명을 붙인 경우가 똑같지 않습니다. 두 경우 모두 내가 얼굴 공유에 대해 사전에 동의하지 않았다는 점에서 '초상권 침해'라는 점은 같지만, 사진이 사용된 상황은 다르지요. 아마도 두 번째 경우엔 초상권이 침해된 내가 "왜 내 동의도 받지 않고 사진을 네 맘대로 SNS에 올렸어? 당장 지워 줘"라고 요청할 겁니다. 그런데 첫 번째 경우와 같은 상황에서 "내 사진을 삭제해 줘"라고 요청하는 사람은 드물 겁니다.

❝ 너와 같이 찍은 사진 ❞ 내 SNS에 올려도 돼?

초상권이 헌법으로 보장된 권리이긴 하지만, 초상권이 침해됐을 때 피해 배상을 해야 하는 조건은 제한적이에요. 연예인이나 스포츠 스타 같은 유명인의 경우엔 초상권이 침해됐을 경우 피해가 크기 때문에 초상권 피해 배상 소송이 종종 있지만, 일반인의 경우에는 친구의 소셜 미디어에 동의하지 않은 내 사진이 올라갔다고 소송을 하기란 거의 불가능합니다. 초상권 침해인지를 따지려면, 내 얼굴이 나의 동의 없이 촬영되고 공표되어서 어떤 피해가 있는지가 분명해야 합니다. 그 과정에서 두 가지 조건이 충족되어야 합니다.

첫째, 사진을 보고 다른 사람들이 누구인지 식별할 수 있는 경우에만 초상권 침해를 주장할 수 있습니다.

둘째, 내 사진을 허락 없이 상업적인 용도로 이용했거나 나의 명예를 훼손하는 방식으로 사용했다면 초상권 침해가 확실합니다.

권리는 적극적으로 요청할 때 보장됩니다. 친구와 카메라 앞에서 예쁜 표정으로 팔짱을 낀 채 포즈를 취하고 사진을 찍은 경우라면, 나중에 동의 없이 촬영됐다는 주장이 거의 인정되지 않습니다. 또한 누군가의 소셜 미디어에 내 사진이 올라 있는 게 마음에 들지 않는다면 적극적으로 문제를 제기하고 삭제를 요청하는 게 좋습니다.

초상권이라는 권리를 알게 되면 우리 행동도 약간 달라져야겠지요. 친구 사진을 소셜 미디어에 올릴 때는 친구에게 "너와 같이 찍은 사진 내 SNS에 올려도 돼?"라고 먼저 물어보고 허락을 받는 게 꼭 필요합니다.

24

인스타그램을 하다 보면 우울해진다고?

인스타그램을 보면 세상 모든 사람들이 멋지고 화려하게 사는 것 같아요. 나는 맨날 그날이 그날인데…. 그래서인지 인스타그램을 하다 보면 나도 모르게 우울해지는 것 같아요. 나만 느끼는 특별한 감정인가요?

아니요. 지극히 정상적인 감정입니다. 인스타그램을 이용하게 되면 가장 자주 느끼는 감정이 '부러움'입니다. 멋진 곳을 여행하는 사진, 맛있는 음식이 차려진 고급 레스토랑, 완벽한 몸매의 바디 프로필 사진 등 쉴 새 없이 올라오는 사진을 보면 자연히 부러움이 생겨나지요. 감정은 부러움에서 그치지 않고 비교와 질투심으로 이어지고 지나치게 되면 열등감을 느끼고 자존감이 떨어지기도 합니다.

실제로 미국에서 조사를 해 봤더니, SNS 이용자 4명 중 3명은 질투심을 느낀다고 답했어요. 특히 자신이 초대받지 못한 파티 사진을 친구가 소셜 미디어에 올렸을 때, 친구들이 올린 행복한 휴가 사진을 볼 때, 자신의 행복했던 시절 사진을 보면서 현재보다 과거가 낫다는 생각이 들 때 우울하다고 답변했어요.

소셜 미디어는 수많은 사람들을 연결해 주고 많은 정보를 제공해 주는 편리한 네트워크이지만, 부작용도 매우 심각합니다. 사람들이 SNS에 가장 멋진 모습만 편집해서 올리고 자랑하기 때문이지요. 인스타그램이나 페이스북을 보면 남들은 모두 행복하고 멋진 인생을 뽐내면서 살아가는데, 나만 별 볼 일 없이 궁상맞게 사는 것처럼 여겨지곤 합니다.

중요한 것은 소셜 미디어의 알고리즘이 이용자들에게 부러움과 질투심을 유발하는 경향을 지니고 있다는 점입니다. 조사에 따르면, 소셜 미디어의 알고리즘은 헤어진 애인이 즐겁게 노는 사진을 보여 주는 경향이 있습니다. 옛 애인이 행복해하는 현재 모습을 보게 된 사람은 참여도가 늘어나 페이지뷰가 증가한다는 사실이 이런 알고리즘이 만들어진 배경이에요.

페이스북에서 알고리즘을 개발하는 관리자로 일했던 프랜시스 하우건이라는 사람은 2021년 인스타그램 알고리즘이 청소년들의 정신 건강에 악영향을 끼치는 것을 알면서도 방치했다는 사실을 폭로했어요. 페이스북과 인스타그램의 모회사인 메타는 특히 10대 소녀들이 자신의 몸에 대해 불만을 느끼도록 만든다는 내부 조사 결과를 알고 있으면서도 이를 조장하는 알고리즘을 방치했다는 겁니다. 연구 결과, 자살 충동을 느낀 10대 중 영국 사용자의 13%, 미국 사용자의 6%가 자살 충동을 느끼게 된 원인으로 인스타그램을 지목했습니다. 페이지뷰가 올라가기만 한다면 10대의 자살률이 늘어나는 것쯤은 신경도 쓰지 않는다는 소셜 미디어 기업의 비윤리성이 드러난 거죠.

실제가 아니라 의도적으로 부풀려진 이미지

소셜 미디어가 없던 과거에는 친구나 지인들의 자랑질 수준이 크게 달랐습니다. 아무리 멋진 곳을 여행하고 왔더라도, 사진을 여러 장 인화해 가지고 다니면서 보여 줄 수 없었습니다. 아무리 고급 레스토랑에 다녀왔다고 자랑해도 근사하게 플레이팅된 스테이크와 레스토랑 사진을 생생하게 보여 줄 수 있는 방법은 없었습니다. 그러니 얘기를 듣고 속으로 부러워하는 마음이 이따금 생기는 정도였지요.

그런데 과거에 전해 듣거나 어쩌다 듣고 지나치는 수준이었던 자랑의 차원이 소셜 미디어에서는 완전히 달라진 겁니다. 인스타그램에 올리기 위해 준비한 멋진 여행지 의상과 메이크업한 얼굴로 사진을 찍고, 김이 모락모락 나는 생생한 음식을 보여 주는 사진이 손 안의 스마트폰에 수시로 올라오고 있지요. 친구가 말해 줄 때와 달리 한순간 지나가는 얘기가 아니라, 내 눈으로 직접 확인하니 생생하기 이를 데 없지요. 소셜 미디어에 올라와 있으니 아무 때나 볼 수 있고, 친하지 않은 사람이건 아무리 멀리 사는 사람이건 아무런 걸림돌 없이 사진과 글을 볼 수 있어요. 다른 사람들은 대부분 화려하고 멋지게 사는 것 같은데, 나만 내세울 게 없어 보이니 자연스레 우울해지고 자존감이 떨어지는 경험을 하는 겁니다.

우리가 SNS를 이용할 때 꼭 기억해야 할 것은 SNS에 올라온 것은 아무리 생생하게 보여도, 기본적으로 편집된 이미지이자 의도된 메시지라는 겁니다. 현실에서는 그 누구도 모든 게 항상 완벽하고 최고의 상태일 수 없지요. 그런데 인스타그램에 올릴 때는 포토숍을 하고 한껏 행복하고 화려한 사진을 게시하는 거죠. 일종의 연출된 이미지입니다. 사실 인스타그램에서 우리를 부러움에 빠지게 만드는 대부분의 이미지는 실제가 아니라 부러움을 불러일으키기 위해 의도적으로 부풀려진 거라는 걸 아는 게 필요합니다.

크리에이터가 되려면?

직장에 취직하기보다 유튜버가 되고 싶어요. 자유롭게 내가 하고 싶은 것을 즐기면서 살고 그 콘텐츠로 돈도 버는 크리에이터가 되고 싶어요. 그러려면 어떤 준비를 해야 하나요?

초등학생들이 꿈꾸는 인기 직업 순위는 2022년 조사 결과 1위 운동선수, 2위 교사, 3위 유튜버(크리에이터) 순으로 나타났어요. 2021년에는 의사가 3위, 크리에이터가 4위였는데 1년 만에 의사는 크리에이터에 밀려 4위가 됐어요. 지난 수십 년간 초등학생들에게 미래의 희망 직업을 물으면 언제나 운동선수, 교사, 의사가 변함없이 최고의 인기를 누려 왔는데, 최근 몇 년 새 유튜버라는 신종 직업이 의사를 앞선 겁니다.

초등학생들이 유튜버를 미래 직업으로 꿈꾸는 까닭은 평소 유튜브 시청을 즐긴다는 점과 유튜버들의 성공 사례를 잘 알고 있기 때문입니다. 박막례 할머니, 보람이, 캐리 언니 등 유튜버 활동으로 인기를 모으고 많은 돈을 번 사례들은 널리 알려졌지요. 남다른 노래 솜씨나 춤 실력을 갖춘 사람만이 아니라, 게임과 스포츠를 잘 해설해 주는 영상이나 음식을 맛있게 먹는 먹방도 인기를 끕니다.

그러나 유튜버가 된다고 해서 누구나 인기를 얻고 돈을 벌 수 있는 건 아닙니다. 유튜브로 수익을 내려면 동영상에 애드센스라는 구글의 광고 시스템을 붙여야 하는데 조건이 있어요. 구독자 수가 1000명을 넘고 지난 1년 동안 채널 시청 시간이 4000시간을 넘어야 합니다.

인기 유튜버인 도티가 유튜브로 벌어들이는 수익 규모를 공개했는데, 1년에 약 17억 원이었습니다. 하지만 국내에 1만 명 넘는 유튜버 중에서 1년에 1억 원 넘는 수익을 내는 사람은 1%인 100명도 되지 않습니다. 유튜버 대부분은 한 달에 100만 원도 벌지 못합니다. 유튜버가 되는 것은 어렵지 않지만, 상업적으로 성공한 유튜버가 되기란 다른 직업 분야에서 성공하기보다 훨씬 어려운 일입니다. 유튜버 '대도서관'이 말하는 '유튜버 성공의 법칙'은 "꾸준히, 줄기차게, 오랜 기간"입니다. 콘텐츠 업로드 주기는 "일주일에 최소 2번, 약속된 시간에 정확하게"입니다.

유튜버 대부분은 한 달에 100만 원도 못 번다고?

성인이 되기 전부터 자기가 좋아하는 일에 몰두하면서 유명해지고 돈도 버는 크리에이터의 세상은 멋져 보이지만, 중요한 것은 점점 경쟁 환경이 치열해진다는 겁니다. 갈수록 크리에이터를 꿈꾸는 사람들이 늘어나면서 점점 더 많은 콘텐츠가 쏟아져 나옵니다. 유튜브만 아니라 인스타그램, 틱톡, 트위치 등 새로운 형태의 콘텐츠 플랫폼도 갈수록 늘어나지요. 앞으로 점점 더 콘텐츠 플랫폼은 늘어나고 크리에이터도 많아지게 되어 자연히 크리에이터끼리 경쟁은 치열해지게 됩니다.

그런데 하나 늘어나지 않는 게 있습니다. 늘어나는 콘텐츠를 소비할 이용자들의 시간은 이제 더 이상 늘어날 여지가 없습니다. 스마트폰 사용자들의 콘텐츠 이용 시간은 초기보다 갈수록 늘어 이제는 거의 한도에 다다랐습니다. 왜냐하면 하루 24시간 중 우리가 스마트폰을 이용할 수 있는 시간은 무한히 늘어날 수 없기 때문이지요. 그러면 한정된 이용자들의 시간과 관심을 먹고 사는 콘텐츠 사업은 무한히 증가할 수 없고 경쟁이 치열해지면서 수익성이 떨어지게 됩니다.

크리에이터가 되고 싶은 청소년들에게 이런 치열한 경쟁의 모습은 잘 보이지 않습니다. 빨리 콘텐츠 제작 기술을 배워 일찍부터 크리에이터가 되고 싶어 하는 경우가 많습니다. 크리에이터를 꿈꾸는 청소년들은 그래서 앞으로 콘텐츠 경쟁이 점점 치열해져서 생존 경쟁이 벌어질 것이라는 점을 알아야 합니다. 또한 콘텐츠 제작 기술은 기술 발달에 따라 점점 편리해지기 때문에 기술보다 자신만의 콘텐츠를 가꾸고 배우는 게 무엇보다 중요합니다.

뛰어난 콘텐츠 생산자가 되기 위해 필수적인 또 하나의 요건은 콘텐츠 감별 능력과 감상 능력입니다. 좋은 콘텐츠인지 아닌지를 구별하고, 자신이 좋아하는 콘텐츠를 감상하고 즐기는 능력을 말합니다. 그래서 유튜버를 꿈꾸고 있다면 출발점은 유튜브를 비롯한 미디어 콘텐츠에서 좋고 나쁜 것을 잘 골라낼 줄 아는 눈을 기르는 겁니다.

어린 나이에 인플루언서로 성공하기를 기대하기보다 스무 살, 서른 살 성인이 되었을 때 생각해 봐도 절대 늦지 않아요. 그때까지는 오히려 감상자로서 나만의 콘텐츠를 준비하는 시간으로 보는 게 좋아요.

26

좋아하는
소셜 미디어는
왜 세대별로
다를까?

왜 소셜 미디어는 세대별로 즐겨 쓰는 게 달라요? 부모님들은 주로 카카오스토리와 페이스북을 쓰는데 친구들은 대부분 인스타그램이나 틱톡에서 놀거든요. 왜 이런 차이가 생기는 걸까요?

세대에 따라서 서로 다른 소셜 미디어를 즐겨 쓴다는 것은 여러 조사에서도 확인됩니다. 2022년 한국에서 발표된 1만 명 대상 미디어패널 조사에서 50대 이상은 카카오스토리와 네이버 밴드를 주로 이용하고, Z세대(9~24살)가 가장 선호하는 소셜 미디어는 인스타그램으로 나타났어요. 또 유튜브 이용자를 조사해 봤더니 가장 이용률과 이용 시간이 높은 세대는 50대 이상이었어요. 2022년 미국 조사에서, 미국 청소년들이 가장 많은 시간 이용하는 소셜 미디어는 유튜브였고 이어서 틱톡, 인스타그램, 스냅챗, 페이스북 순이었어요. 특히 성별 차이가 뚜렷해서, 남자 청소년들은 주로 유튜브, 트위치, 레딧을 이용했고 여자 청소년들은 틱톡, 인스타그램, 스냅챗을 선호했어요.

소셜 미디어는 다양한 정보와 메시지를 편리하게 공유하게 해 주는 효율적인 소통 플랫폼인데, 내가 아는 모든 사람과의 소통을 원활하게 하는 게 아니라 오히려 친구들이나 또래 집단하고만 이야기를 주고받게 만드는 결과를 가져올 수 있습니다. 소셜 미디어를 오랜 시간 이용하면 더 다양한 정보와 사람들의 의견을 받아들이게 되는 게 아니라 오히려 또래 집단 위주의 생각에만 사로잡힐 가능성이 높은 거죠. 이는 가장 뛰어나고 편리한 소통 도구로 여겨진 소셜 미디어가 소통을 도리어 가로막는 결과를 가져올 수 있다는 말입니다.

66 부모님의 친구 신청, 정말 곤란해 99

세대별 소셜 미디어 이용이 달라지게 되는 걸 설명해 주는 사례가 있어요. 인스타그램이 젊은 세대의 대표적 소셜 미디어로 자리잡은 배경을 알게 해 줍니다. 인스타그램은 2010년 등장한 서비스인데 그때까지 대표적인 소셜 미디어는 페이스북이었어요. 이용자가 20억 명을 넘어설 정도로, 인터넷 이용자 대부분이 페이스북을 쓰던 환경이었습니다. 많은 사람이 페이스북을 이용하게 되면서 흥미로운 현상이 생겨났습니다. 페이스북에 나중에 가입한 부모들이 10대 자녀들에게 '친구 신청'을 하는 경우가 생겨나기 시작했습니다. 소셜 미디어는 또래들끼리 비밀스럽고 사적인 이야기와 정보를 주고받는 공간인데 부모들의 페이스북 친구 요청을 받아들이면, 더 이상 친구들과 솔직한 얘기는 못 나누게 되는 거죠. 그렇다고 부모의 친구 신청을 무시하거나 거절하기도 어려운, 그야말로 난감한 상황에 처했습니다.

10대들은 기성 세대가 없는 새로운 소셜 미디어를 찾아나서기 시작했는데, 때마침 인스타그램이 영상 세대인 10대를 맞을 마당을 펼친 겁니다. 젊은 세대가 좋아하는 사진 위주의 소셜 미디어를 만들어, 글이 아니라 사진으로 소통하는 새로운 문화를 선보인 거죠. 10대들이 페이스북을 떠나 인스타그램으로 한꺼번에 옮겨 가게 된 배경이지요.

소셜 미디어 이용자들이 나이에 따라서 특정한 서비스를 주로 이용하는 현상은 인스타그램 사례에서 뚜렷하게 나타난 이후 점점 더 강해지고 있어요. 초기에는 소셜 미디어의 종류가 많지 않아서 카카오톡처럼 대표적인 서비스를 모든 사람이 이용했는데, 소셜 미디어 회사들이 인스타그램, 틱톡, 스냅챗 등 다양한 서비스를 내놓게 되어 이용자들의 선택 또한 다양해진 것이죠.

나이에 따라 성장한 환경과 가치관이 달라, 콘텐츠 취향과 이용 목적도 다릅니다. 1990년대 이후 출생한 Z세대는 디지털 세대답게 다양한 소셜 미디어를 자유롭게 사용하지만, 50대 이후 세대는 이용자가 개입할 필요 없이 알고리즘이 추천하는 영상을 주로 보기 때문에 유튜브 시청을 가장 선호하게 된 거죠. 10대는 친구들과의 소통과 오락 목적으로 인스타그램, 틱톡을 주로 이용하는데, 20~30대는 직장 관련 소통을 위해 블라인드, 링크트인을 많이 이용하기도 합니다.

소셜 미디어가 다양해지면서 연령대, 성별, 취향에 따라 각자 관심 있는 서비스를 이용하는 것은 자연스럽고 바람직한 현상이에요. 그런데 각자 취향과 관심 위주의 소셜 미디어에 지나치게 의존하면 내가 이용하는 소셜 미디어에서 만나는 정보와 의견이 세상의 전부인 것처럼 착각하거나 오인하게 될 수 있어요. 소통의 도구로 등장한 소셜 미디어가 거꾸로 소통을 가로막는 결과를 만들어 내는 거지요. 앞서 살펴본 필터 버블 현상의 하나입니다. 그래서 소셜 미디어를 이용할 때는 이러한 세대별 사용 특성도 고려하면서, 내 또래와 취향 집단만의 '비눗방울(필터 버블)'에 빠져 있지 않은지 다시 한번 생각해 보는 게 좋습니다.

27

틱톡은 중독성이 심하다고?

동영상을 보는 시간이 너무 긴 것 같아서 시간을 절약하려고 숏폼을 주로 보고 있어요. 그런데 숏폼 위주로 동영상을 보니 계속 이어 보게 되어서 오히려 시간을 더 많이 써요. 저 숏폼 중독인가요?

틱톡, 유튜브 쇼츠, 페이스북 릴스 등 숏폼 미디어는 스마트폰으로 이용하는 15~60초짜리 짧은 동영상인데, 사용자가 빠르게 늘고 있습니다.

틱톡은 2017년에 출시됐는데 2020년부터 3년 연속 세계에서 가장 많이 다운로드된 앱 1위를 놓치지 않고 있어요. 특히 10대와 20대 등 주로 젊은층이 즐기는 미디어로, 2021년 기준 4~18살의 하루 평균 이용 시간이 틱톡은 91분으로, 유튜브의 56분보다 훨씬 길었습니다.

숏폼 콘텐츠는 버스나 지하철을 기다리거나 탑승할 때 또는 학교 쉬는 시간처럼 짧은 시간이나 자투리 시간에 이용하기 안성맞춤입니다. 아무 생각 없이 잠시 쉬고 싶을 때 보면 재미나고 별난 영상을 짧게 즐길 수 있고, 알고리즘 기능이 뛰어나서 이용자가 좋아할 콘텐츠를 알아서 계속 추천해 줍니다. 요점만 보고 싶은 젊은 세대를 위해 내용을 압축해 빠르게 전달해 주니 레시피나 미용, 패션 등 생활 꿀팁이 궁금할 때 요긴해요.

숏폼이 인기를 얻게 된 비결이 단지 영상 길이가 짧기 때문만은 아니에요. 스마트폰 세로 화면과 15초에 최적화된 내용 구성과 사용자 환경(UI)도 숏폼 콘텐츠 인기의 배경입니다. 검색 기업 구글은 1990년대 중반~2000년대 초반 출생한 '제트(Z) 세대'가 맛집을 찾을 때 기성세대와 달리 구글 대신 틱톡과 인스타그램을 이용한다고 걱정할 정도예요. 틱톡의 성공에 놀란 페이스북, 유튜브 등도 부랴부랴 따라하기에 나섰지요.

틱톡의 높은 인기에는 '숏폼 미디어 중독'이라는 그늘도 드리워져 있습니다. "딱 2분만 보려고 했는데 정신 차려 보면 2시간이 지나 있다", "숏폼 보느라 밤잠을 설쳤다"는 이용자들도 많고, 정신과 전문의들은 젊은 세대의 숏폼 미디어 중독 현상을 경고하고 있습니다. 왜 1분도 안 되는 짧은 영상이 긴 영상보다 더 오래 시청하게 되는 중독 현상을 일으킬까요?

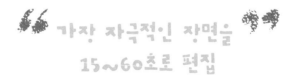

가장 자극적인 장면을
15~60초로 편집

숏폼 콘텐츠가 이용자를 끌어당기는 매력은 동시에 숏폼 중독을 일으키는 특징으로 작용합니다. 틱톡의 알고리즘은 이용자의 관심사를 기반으로 방금 본 영상을 분석해 좋아할 만한 영상을 추천하고 자동 재생합니다. 15초짜리 숏폼 콘텐츠마다 생겨나는 이용자 반응을 분석해 최소 시간에 많은 정보를 파악합니다. 다양한 콘텐츠가 넘쳐 나는 인터넷에서 이용자 눈길을 붙잡으려면 수십 초짜리 짧은 영상에 자극적인 장면을 담는 게 기본입니다. 30분짜리 영상이 기승전결 플롯을 따라 긴장감과 흥미가 계단식으로 높아지는 구조라면, 숏폼 콘텐츠는 그중에서 가장 자극적인 부분만 가져와 15~60초에 맞게 편집해 재생합니다. 숏폼 콘텐츠를 30분 시청하면 롱폼 콘텐츠 때와 비교할 수 없이 많은 자극적 장면을 만나게 되는 거죠.

이용자들도 제한된 시간에 더 많은 콘텐츠를 즐기고 싶은데, 롱폼 콘텐츠는 몇 건 볼 수 없어요. 요약본과 클라이맥스로 가득한 숏폼을 통해 더욱 다양하고 많은 콘텐츠를 이용하고 싶은 욕망이 있는 거죠.

미국 정치권에서는 틱톡을 '디지털 펜타닐(마약성 진통제)'이라고 비판하고 있으며 이용을 규제하려고 합니다. 미국, 캐나다, 유럽 연합 등이 청소년 보호를 이유로 틱톡 규제에 나서자, 틱톡은 18살 미만 청소년의 하루 이용 시간을 60분으로 제한하겠다는 방침을 발표했을 정도입니다.

숏폼 콘텐츠에는 사용자들이 중독적 이용 습관을 형성하도록 만드는 기술적 장치도 숨어 있습니다. 어떤 숏폼 콘텐츠들은 시청 시간이 짧은 대신 일부러 한 번에 이해하기 어렵게 만들거나 빨리 감기를 하는 등 이용자들이 영상을 반복 재생하도록 유도합니다. 그 결과 숏폼 콘텐츠 중에는 시청률이 100%를 넘어서는 것들이 꽤 있어요. 한 사람이 같은 영상을 여러 번 보기 때문이지요.

또 다른 문제도 있어요. 어릴 때부터 인터넷과 SNS를 자연스럽게 접한 젊은 세대일수록, 숏폼 콘텐츠에 오랜 시간 노출되다 보니 조금 긴 영상이나 텍스트에 집중하기 어려워졌다는 점입니다. 틱톡의 조사 결과, 틱톡 사용자들의 50%가 1분 넘는 동영상에 스트레스를 받는다는 것을 발견했습니다. 이용자들의 주의 집중 시간이 점점 짧아지면서 1분 넘는 영상도 계속 시청하기 부담스러워지는 현상이 나타나는 겁니다. 인터넷 서비스는 무한한 콘텐츠가 경쟁하기 때문에 성공하기 위해서는 이용자의 시간과 눈길을 얼마나 오래 장악하느냐가 관건입니다. 인터넷 산업의 핵심은 이용자의 '주의력 빼앗기' 경쟁인 것이죠.

사람은 누구나 하루 24시간을 갖고 있는데 이 시간은 무엇보다 소중합니다. 자신이 선택하고 원하는 것을 하는 게 행복한 인생인데, 내가 고른 선택이라기보다 알고리즘에 이끌려 특정한 서비스에 소중한 시간을 지나치게 쏟아붓는 것은 바람직하지 않습니다. 재미나고 신선한 숏폼 미디어를 자투리 시간에 즐기는 것은 괜찮지만, 너무 좋아해서 지나치게 많은 시간을 이용하지 않는지 생각해 보세요.

내가 숏폼 서비스를 선택해서 이용하는 것인지, 아니면 숏폼 알고리즘에 내가 빠져서 벗어나지 못하는 것인지를 구별하는 게 중요합니다. 그걸 알기 위해서는 먼저 날마다 또는 1주일 단위로 사용 시간과 사용 횟수를 기록해 보세요. 다른 시간들에 비해서 지나치게 많으면 주의해야 하고, 하루 사용 시간을 정해 놓고 이용하는 등 다른 대책을 찾는 게 좋습니다.

5장

소중한 나의 '프라이버시'

28

잊힐 권리를
보장하라!?

인터넷에서는 정보가 일단 만들어지면 삭제되지 않아서 어떤 정보에 대해서는 '잊힐 권리'가 필요하다고 하던데요. 그러면 '잊힐 권리'가 보장될수록 나머지 사람들의 '알 권리'는 줄어드는 것 아닌가요? '잊힐 권리'와 '알 권리' 중 무엇이 더 중요한가요?

어려운 문제인데, 어느 쪽이 중요한지는 경우에 따라 달라집니다.

인터넷 검색은 참으로 편리합니다. 아무리 오래된 정보이건, 있는 줄도 몰랐던 거의 알려지지 않은 사건이건 검색창에 입력만 하면 순식간에 결과가 나타나지요. 학교 과제에 필요한 정보만이 아니라 유명 스포츠 스타나 정치인이 오래전에 저지른 잘못이나 예전에 한 말도 눈 깜짝할 사이에 찾아낼 수 있어요. 인터넷 덕분에 시민들의 알 권리가 커졌고 정치나 사회 문제에도 적극적으로 참여할 수 있는 환경이 됐습니다. 인터넷 검색의 편리함은 인터넷에 한번 올라온 정보가 지워지지 않고 시간이 오래 지나도 보존돼 있는 덕분입니다.

우리는 뉴스 댓글, 블로그, 소셜 미디어, 커뮤니티, 쇼핑몰 후기 등 여러 가지 방식으로 인터넷에 글을 쓰거나 흔적을 남깁니다. 거의 하루종일 인터넷을 사용하다 보니 자연스럽게 만들어지는 발자국이고, 따로 지울 생각은 하지 않습니다. 웬만한 경우엔 익명이나 아이디를 사용해서 활동했더라도 조금만 조사하면 어렵지 않게 누구인지를 알아낼 수 있다는 것을 우리는 '네티즌 수사대'의 사례를 통해 잘 알고 있습니다. 아이돌 스타나 연예인뿐만 아니라, 평범한 우리도 예외일 수 없는 거죠. 누군가 맘만 먹으면 나에 대해서도 내가 모르는 정보까지 찾아낼 수 있는 세상입니다.

2014년 개봉한 독립 영화 〈한공주〉는 2004년 밀양의 고교생 집단 성폭행 사건을 소재로 다뤘습니다. 피해 여학생은 고통과 악몽에서 벗어나기 위해 이름도 '한공주'로 바꾸고 다른 지역의 학교로 전학을 갔습니다. 노래를 좋아하는 공주는 전학 간 학교에서 아카펠라 동아리에 들어가 새 친구들과 사귀는 등 새 인생을 꿈꿉니다. 하지만 친구가 공주의 노래하는 모습을 동영상으로 찍어 인터넷에 올리면서 과거의 악몽이 다시 찾아옵니다. 동영상이 인터넷 공유를 통해서 가해 학생들의 부모에게도 알려지게 되고, 공주는 그토록 벗어나고 싶어 했던 가해자 집단을 다시 마주하게 된다는 걸 다룬 영화입니다.

2010년 에릭 슈미트 구글 회장은 "앞으로 청소년들은 성인이 되는 순간 자신의 '디지털 과거'로부터 벗어나기 위해 모두 이름을 바꿔야 할지 모른다"고 말한 바 있습니다. 철없던 한때의 찌질했던 모습이나 짓궂은 장난마저 모두 '박제돼' 검색되는 세상에서, 새 출발은 새로운 '아이디' 부여밖에 없다는 말이지요.

❝ '잊힐 권리'와 '알 권리' ❞ 무엇이 더 중요할까?

사람의 기억은 완벽하지도 않고 영원히 지속되지도 않기 때문에 시간이 지나가면 중요하지 않은 기억은 대부분 사라집니다. 그런데 인터넷의 디지털 기억은 사람의 불완전한 기억과 다릅니다. 시간이 오래 지난다고 해서 희미해지지도 않고 지워지지도 않아요. 인터넷은 우리로 하여금 영원히 잊어버리고 싶고 벗어나고 싶은 기억과 정보에서도 빠져나갈 수 없게 만듭니다.

누구나 10대 때는 남들이 알게 되면 부끄러울 '이불 킥' 할 일들을 겪으며 성장하게 마련인데 인터넷과 소셜 미디어에 남긴 흔적은 아무리 오랜 시간이 지나도 지워지지 않습니다. 더욱이 인격이 완성되지 않은 10대에 생각 없이 쏟아 낸 말과 감정의 흔적에 대해 평생 책임을 져야 할 수도 있다고 생각하면 가혹하기까지 합니다.

2014년 유럽 연합은 인터넷에서 '잊힐 권리'를 도입했어요. 더 이상 적절하지 않고, 개인의 프라이버시를 침해하며, 잘못된 정보를 당사자가 요청하면 인터넷 검색에서 삭제해야 한다는 개인의 권리를 인정한 획기적 판결이지요.

일단 만들어진 정보가 사라지지 않고 계속 보존되는 인터넷의 기본 속성으로 인해 뜻하지 않은 피해가 생겨남에 따라, 일정

시간이 지나면 콘텐츠가 자동 삭제돼 사라지는 서비스도 개발됐습니다. 스냅챗은 자동 삭제 기능을 도입한 소셜 미디어로, 사진이나 글을 올리고 설정에 따라 글을 읽은 뒤 몇 초 만에 또는 24시간 안에 사라지는 게 특징입니다. 인스타그램이나 페이스북의 스토리도 콘텐츠가 24시간 뒤에 자동 삭제되지요. 특히 이런 서비스는 가까운 친구들끼리 공유하는 사적인 성격의 영상물인 경우가 많아 계속 인터넷에 남아 유통될 경우 사생활 침해 우려가 높다는 것도 배경으로 작용했습니다.

'알 권리'는 개인이 공동체의 의사 결정에 참여하고, 행복하고 존엄한 삶을 누리기 위해 되도록 많은 정보에 자유롭게 접할 수 있어야 한다고 규정한, 헌법이 보장하는 기본권입니다. 알 권리는 정보에 접근할 권리, 표현의 자유를 위해 필요한데 인터넷에서 '잊힐 권리'와 서로 충돌합니다. 누군가의 잊힐 권리를 보장해 주다 보면 시민 다수의 알 권리가 침해될 수 있는 문제가 생기기 때문이지요. 그래서 잊힐 권리와 알 권리의 관계는 복잡합니다. 어느 한쪽의 권리가 항상 무조건 보장되는 게 아니라, 상황에 따라서 어떤 권리가 더 우선적으로 보장되어야 하는지에 따라 달라집니다. 정부나 공공에 관한 정보는 알 권리가 훨씬 중요하지만, 개인적인 정보와 관련해서는 잊힐 권리가 우선됩니다.

29

위치 정보 공유가 왜 위험하다는 거지?

인스타그램에서 여행 사진, 휴가 사진을 보면 너무 부러워요. 그런데 SNS에 휴가 사진을 올리면 위험하다고 하는데 왜 그런가요?

"남는 건 사진뿐"이라는 말처럼 여행의 큰 즐거움은 멋진 사진을 남기는 거지요. 인스타그램에 올리기 좋은 사진을 멋지게 찍은 뒤에 SNS에 올려 친구들로부터 쏟아지는 '좋아요'와 댓글을 보는 거야말로, 예전에는 못 누리던 여행의 또 다른 기쁨입니다. 주말이나 휴가철이면 SNS에는 여행 풍경을 담은 글과 사진이 부쩍 늘어납니다.

"지금 여기는 파리 에펠탑이야", "제주도 월정리 해변이에요"라고 위치 정보를 표시해서 좀 더 생생한 인증 사진을 올리기도 합니다. 스마트폰으로 사진을 찍으면 위성 항법 장치(GPS) 센서 덕분에 이용자의 위치가 자동으로 지도 위에 표시되지요. 스마트폰으로 촬영한 사진은 기본적으로 장소와 시간 정보 등을 포함하고 있어서, 사진 앱이 자동으로 여행지별 앨범을 만들어 주기도 합니다. 추억의 순간을 되살릴 수 있어 편리하고 재미납니다.

그런데 아무리 멋진 곳을 여행 중이고 폼 나는 사진을 찍었다고 하더라도 실시간으로 소셜 미디어에 사진을 공유하는 것은 위험한 일이에요. 나의 실시간 위치 정보를 보고 단순히 "부럽다"라고 댓글을 다는 친구도 있지만, 나쁜 마음을 품는 누군가도 있을 수 있기 때문입니다. 이미 미국이나 유럽 등에서는 SNS에 올린 휴가 계획을 악용한 절도 사례가 여러 건 알려져 있어요.

미국에서는 한 빈집 털이범이 페이스북에 "집을 비운다"고 글을 올린 사람들의 집만을 골라 가며 털어, 20여 차례 절도에 성공한 사실이 언론에 보도됐어요. 영국에서도 한 절도범이 페이스북에 올라온 사용자들의 휴가 계획을 이용해 2주간 집을 비운 사람 12명의 집을 털었다는 뉴스가 있었어요.

우리나라도 크게 다르지 않아요. 절도범이 SNS에서 집을 비웠는지, 어디를 여행 중인지를 알면 빈집 털이는 식은 죽 먹기인 셈입니다. 국내에서 트위터 사용자들을 조사해 봤더니, 조사 대상자의 63퍼센트는 트위터에 스케줄이 공개돼 있었고, 심지어 83퍼센트는 위치 정보까지 공개돼 있었다고 합니다.

피싱 사기범이 가족에게 사기를 칠 수 있어

시골에 있는 외딴 주택이 아니라 보안 장치가 잘 되어 있고 경비원과 CCTV가 갖춰진 곳이라고 해도, 위치 정보를 실시간으로 소셜 미디어에 공개하는 것은 삼가야 해요. 절도범만이 아니라 피싱이나 해킹에도 내가 올린 소셜 미디어 정보가 악용될 수 있기 때문이지요.

누군가의 휴가 계획을 보고 인터넷을 통해 주소나 지인 등의 연락처를 입수한 뒤 돈을 요구하는 경우도 생겨날 수 있습니다. 피싱 사기범이 가족에게 휴가지에서 당신이 위험에 빠져 급전이 필요하다고 거짓 알림을 보내 사기를 칠 수 있기 때문입니다. 해커와 사기꾼이 범행 대상이 어디에 있는지를 가족에게 말하며 위험에 빠져 있다고 구체적인 상황을 묘사하면서 피싱에 나설 경우 성공률은 크게 높아집니다. 개인 정보 중에서도 실시간 위치 정보는 해커와 사기꾼에게 각별히 소중한 정보인 거죠.

그렇다고 인스타그램에 여행 사진을 아예 올리지 말라는 것은 아니에요. 내가 지금 어디에 있는지를 알려 주는 '실시간 위치 정보'가 특별히 사기꾼과 범죄자들의 표적이 되기 때문에, 여행을 마친 뒤 또는 약간의 시차를 두고 사진을 공유하는 것이 비교적 안전합니다.

30

소셜 미디어 친구는 많을수록 좋을까?

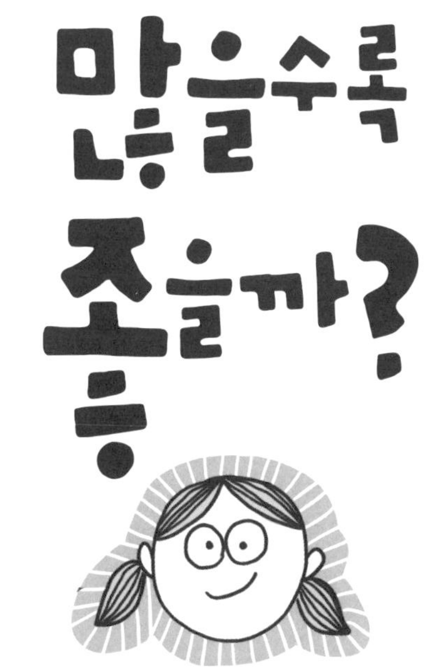

유명하지 않은 일반인이지만 SNS에서 팔로어 많은 사람들을 보면 부러워요. 저도 SNS에서 인맥을 늘려서 '인맥 부자'가 되고 싶은데, 어떻게 하면 될까요?

사람은 사회적 존재이기 때문에 더 편리하고 강력한 사회관계망 서비스가 등장하면 열광적으로 받아들입니다. 스마트폰 기반의 SNS가 등장하기 전에도 포털의 카페, 싸이월드, 마이스페이스, 세컨드라이프, 트위터, 페이스북 등이 바통을 이어 가며 인기를 누려 왔습니다.

소셜 네트워크 서비스 덕분에 인간관계의 폭은 크게 넓어졌습니다. 만난 적 없는 사람도 소셜 네트워크에서는 친구 맺기와 팔로잉이 가능해 나의 소셜 네트워크도 늘어나게 됩니다. 얼굴을 본 적 없어도 소셜 미디어에서 페친, 인친, 트친이 되면 연락을 주고받고, 상대편이 올리는 모든 정보를 언제나 만날 수 있습니다. 소셜 미디어에서는 가족이나 친구들과도 얘기하지 않는 개인적이고 시시콜콜한 사연들을 공유하게 되는 경우도 흔하지요.

스마트폰의 주소록 정보를 불러들여 기존에 전화나 이메일을 주고받은 관계라면 모조리 '친구'로 만들어 버리는 소셜 미디어 친구 추천 기능도 있습니다. 소셜 미디어는 사용자에게 더 많은 사람과 친구를 맺고 더 많은 사적 정보를 공유하라고 채근하지요. 사용자가 맺은 관계를 분석해서 '당신이 알 만한 친구' 형태로 추천 서비스를 제공하며, 더욱 많은 이들과 친구 관계를 맺으라고 부추깁니다.

　　SNS 친구가 늘어나면 유튜버 활동을 하거나 쇼핑몰 사업을 할 경우 상당히 유리하지요. 또 수많은 사람들이 올리는 정보와 생각들을 통해 다른 사람들이 살아가는 방식을 알 수 있게 되어 각자의 일상에서 만나기 어려운 간접 경험을 크게 넓힐 수 있다는 장점도 있습니다.

　　그렇다면 소셜 미디어 친구는 많을수록 좋은 걸까요? 아니라면 소셜 미디어에서 우리는 얼마나 많은 사람과 어떤 정도로 친구 관계를 유지할 수 있을까요? 또 SNS를 통해 관계를 맺게 된 친구는 진짜 친구와 어떻게 다를까요?

친구 관계는 숫자보다 깊이가 중요해

　　영국 옥스퍼드 대학의 로빈 던바 교수는 "한 사람에게 진짜 친구는 150명을 넘을 수 없다"고 말합니다. 널리 받아들여진 주장이라서 150을 '던바의 수'라고 부릅니다. 150명은 우리가 사귀면서 믿고 호감을 느끼는 사람의 범위를 의미합니다. 약속하지 않고 갑자기 저녁 자리나 모임에 끼어들어도 전혀 어색하지 않은 사이가 해당합니다. SNS 덕분에 디지털 세대의 친구 숫자가 수천 명 단위로 늘어난 상황에서 아무리 새로운 기술 도구를 통해 인맥이 확대되더라도 진짜 친구의 숫자는 변화가 없다는 주장이어서 더욱 눈길을 끌었지요.

'던바의 수 150'은 여러 집단에서 관찰되었습니다. 자연스럽게 형성된 수렵 채집 생활을 하는 원시 부족 사회를 조사했더니 평균 규모가 153명이었습니다. 로마 시대 로마군의 기본 전투 단위인 보병 중대는 약 130명이었고, 현대 군대의 중대 단위도 세개 소대와 지원 병력을 합치면 130~150명입니다.

소셜 미디어 관계가 진짜 친구를 대체할 수 없다는 던바의 주장은 친구 관계는 숫자보다 깊이가 중요하다는 얘기입니다. 던바는 사람이 매우 어려운 상황에서 도움을 청할 수 있는 진짜 친한 관계는 3~5명이라고 말합니다. 그다음은 12~15명이 친한 관계로, 공감 집단이라고 일컫습니다. 이중 누군가 사망하는 등 변고가 생기면 거의 정신을 잃을 정도로 상심하게 되는 관계이지요. 예수의 제자들, 재판의 배심원단, 야구와 축구 같은 스포츠팀처럼 한 몸처럼 움직여야 하는 집단은 신기하게도 대부분 12~15명 규모입니다.

가족과 친구 등 우리가 기꺼이 마음을 열고 무엇이든 소통하는 대상은 결코 무한할 수 없지요. 우리의 시간과 관심, 주의력이 한정돼 있는 탓입니다. 그러니 소셜 네트워크에서 친구가 늘어날

수록 우리가 한 사람 한 사람에게 기울일 수 있는 관심은 줄어들 수밖에 없습니다. 자연히 관계의 깊이가 얕아집니다. 소셜 네트워크 덕분에 우리는 많은 사람과 친구 관계를 맺게 되었지만 대부분 피상적 관계가 되는 이유이지요. 우리가 인간관계에서 느끼는 감정은 얼마나 많은 사람과 관계를 맺고 있는지, 얼마나 오랜 시간을 보내는지 하는 양의 문제가 아니라, 얼마나 깊은 감정을 주고받는지, 즉 관계의 질에 달려 있다는 걸 알려 줍니다.

31

'부캐'가 나쁜 짓을 하면 드러날까?

온라인에서는 '본캐' 말고 '부캐'로도 살아갈 수 있어 좋아요. 나의 '부캐'를 사람들이 알아채지 못하겠지요?

현실에서 우리 몸과 이름은 하나뿐이지만, 온라인에서는 사정이 다르지요. 진짜 이름이나 얼굴을 감춘 채 각각 다른 이름과 이미지를 내걸고 얼마든지 활동할 수 있어요. 인기 MC 유재석이 트로트 가수 '류산슬'로 활동하며 인기몰이를 하는 것처럼, 부캐가 본캐를 뛰어넘을 수도 있지요. 페이스북은 실명을 요구하니 본명을 밝혀야 하지만, 인스타그램, 트위터, 틱톡 등에서는 얼마든지 다른 이름과 캐릭터로 활동할 수 있지요.

인스타그램에서는 페이스북과 달리 한 이용자가 여러 개의 계정을 만들 수 있는데, 한 이용자가 2개 이상의 계정을 이용하는 경우가 많습니다. 그런데 2개의 계정을 운영하는 경우 많은 사람이 누구나 접근할 수 있는 공개 계정과 소수의 지인들과만 소통하는 비공개 계정을 둡니다. 공개 계정을 '린스타'(리얼 인스타그램 real Instagram의 줄인 말)라고 하고, 비공개 계정을 '핀스타'(페이크 인스타그램 fake Instagram의 줄인 말)로 부르기도 합니다. '본캐'는 모두에게 공개하는 게시물을 올리는 공식 계정으로 쓰고, '부캐'는 친한 사람들에게만 열어 놓고 사적인 이야기를 주고받는 용도로 쓰거나 아니면 '류산슬'처럼 아예 다른 정체성으로 활동하는 캐릭터로 이용할 수 있습니다.

'부캐'는 처음엔 방송 프로그램에서 놀이처럼 시작됐지만, 온라인 세상에서는 일종의 문화로 자리잡고 있습니다. '본캐'의 기분 전환이나 단순한 놀이를 넘어서, '부캐'는 현실의 자기 정체성을 유지한 채 하기에는 부담스러운 자아실현, 내면의 욕구 충족 등을 위한 캐릭터로 사용할 수 있습니다. 이미 알려진 내 이름과 얼굴로는 하기 어려운 활동을 '부캐'일 때는 자유롭게 할 수 있는 거지요. 우리 모두에게는 나를 감춘 채 자유롭게 말하고 싶은 익명 표현 욕구와 또 다른 정체성을 지닌 '다중 자아(multi persona)'의 욕망이 있습니다. 사람은 누구나 '현실 속의 나'(본캐)만이 아니라, '보여 주고 싶은 나'와 '되고 싶은 나'를 품고 있으니까요.

'보여 주고 싶은 나'와 '되고 싶은 나'

온라인에서는 대부분의 서비스가 신원 확인 절차를 거치지 않고 사용자가 직접 제출한 아이디를 기반으로 계정이 만들어지는 구조이고, 그 아이디를 게임 속 캐릭터처럼 이용자가 얼마든지 꾸밀 수 있습니다. 10개의 소셜 미디어와 5개의 온라인 게임을 이용한다면 각각 아이디를 만들어서 서로 다른 이름과 정체성을 가진 15개 캐릭터로도 얼마든지 활동할 수 있는 거지요.

'류산슬'처럼 넘치는 끼와 재능을 발휘하고 즐거움을 주기 위해서 '부캐'를 운영할 수도 있지만, 멀티 아이디는 경우에 따라서 사기와 범죄의 수단이 되기도 합니다. 중고 거래 사이트에서 자주 만나는 사기범들이 가장 애용하는 방법이 도용, 위장, 가짜 계정을 통한 속임수입니다.

사이버 공간에서는 현실의 나를 넘어서 내가 만들고 싶은 캐릭터가 되어 활동할 수 있지만, 어디까지나 '부캐'는 '본캐'에 달려 있는 것일 따름이라는 걸 알아야 합니다. 또한 아무리 소셜 미디어와 각종 인터넷 서비스에서 별도의 아이디를 사용하며 각각 다른 정체성으로 활동하고 있더라도, 결국엔 다 연결되어 있다는 것이 드러날 수 있습니다. 디지털 세상에서는 『지킬 박사와 하이드 씨』처럼 2개의 캐릭터를 만들어 행동할 수 있지만, 소설과 달리 현실에서는 지킬 박사와 하이드 씨가 동일한 인물이라는 것이 너무 쉽게 추적될 수 있고 그래서 결국엔 밝혀질 수 있다는 거지요.

'텔레그램'은 서버도 국외에 있고, 아이디의 소유자에 대해서 확인해 주지 않아 철저하게 보안성과 익명이 보장되는 것으로 유명합니다. 이런 텔레그램의 익명성을 이용해 2018년부터 1년 넘게 'n번방 성폭력 사건'이라는 끔찍한 미성년 대상 성 착취 범죄가 발생했습니다. 박사, 갓갓 등 범죄자들은 "우린 절대로 추적할 수 없다"고 자신하며 범죄를 계속했지만, 결국 모두 다 적발돼 각각 징역 42년, 34년이라는 무거운 형벌을 받았지요.

'부캐'와 '익명 아이디'가 일탈과 범죄에 사용되면 그 대가와 책임은 결국 '본캐'인 나에게 돌아온다는 것을 알고서, 멀티 아이디를 적절하게 이용해야 합니다.

32

'몸캠 피싱'은 바보나 당하는 일?

'몸캠 피싱'을 당해 사기꾼한테 돈 보내고 협박받는 사람들을 도저히 이해할 수가 없어요. 남이 찍은 사진도 아니고 자기가 좋아서 자기 알몸 사진 찍어서 사기꾼한테 보낸 거잖아요. 누가 시켜서 한 게 아니라 자기가 스스로 한 거잖아요?

그렇게 생각할 수 있지만, 현실은 절대 그렇지 않아요. 사기나 속임수에 절대 빠져들 것 같지 않은 사람도 잠깐 방심하면 당하는 게 피싱입니다.

요즘엔 피싱을 조심해야 한다는 것을 누구나 잘 알고 있지요. 금융 기관에서 피싱을 막기 위한 대비법을 적극 홍보하고 있고 기술적인 장치도 가동하고 있어요. 현금 지급기에서 돈을 보내려고 하면, 낯선 이로부터 송금 요청을 받았는지를 반드시 확인해야 하는 절차도 도입됐어요. 그런데 갈수록 피싱 범죄 건수와 피해액은 늘어나고 있는 게 현실입니다. 대학교수, 판사 등 경험이 많고 똑똑하다는 사람들도 피싱에 속아 넘어간 사례가 적지 않아요. 똑똑해서 사기에 당하지 않을 것이라 자신하는 사람이 어쩌면 더 위험할 수 있어요. 사기꾼들은 항상 속이려는 사람의 심리를 꿰뚫고 있는 심리 전문가거든요.

몸캠 피싱에 당하는 사람이 어리석게 보이고 나는 절대 당할 일 없다는 생각이 들어도 방심은 금물입니다. 사례 조사를 보면, 신고된 몸캠 피싱 사건의 피해자 90%는 남성이고 그중에서 40%

는 미성년자들입니다. 한창 성적 호기심이 많고 세상 경험이 부족한 10대를 사기꾼들이 지능적으로 꾀어내는 겁니다. 협박범들은 갑자기 불쑥 등장해 사진 교환을 하고 영상 채팅을 하자고 하지 않습니다. 사전에 범죄 대상을 탐색해 오다가 서서히 미끼를 던져서 유혹합니다. 처음엔 장난처럼 낮은 수위의 사진을 교환하면서 경계심을 허물고 어느 정도 상대가 흥미를 느껴 적극적으로 응할 때쯤 본격적으로 협박에 사용할 결정적 영상을 요구하는 방식이지요. 범죄자들이 자기 몸이라며 보여 주는 사진이나 영상 등은 전부 가짜이고 상대를 꾀어내기 위해 미리 준비한 것인데, '설마' 하면서 호기심만 쫓다가는 아주 위험합니다.

친근하게 다가오는 낯선 사람을 경계하기

몸캠 피싱에 나서는 범죄자들은 최대한 피해자들을 괴롭게 만들어 돈을 뽑아내려 하기 때문에 아주 지능적인 방법으로 범죄를 기획합니다. 본격적으로 음란 대화나 영상 통화를 하기 전에 필요한 어플이라거나 사진 영상을 보내는데, 이 파일을 누르는 순간 주소록을 유출하는 악성 코드(주로 확장자 ***.apk)가 깔려서 피해자의 연락처가 송두리째 범인에게 넘어갑니다. 일단 주소록과 협박용 사진을 확보하면 그때부터 본격적인 협박과 추가 범행이 시작되는 거죠. 피해자에게 자신이 갖고 있는 지인들의 연락처와 메신저 목록을 과시하면서 영상 삭제를 조건으로 돈이나 추가 범행을 요구하는 겁니다.

몸캠 피싱 따위는 나와 관계 없는 일이라고 여기는 것만으로는 부족하고, 사기꾼들을 초기 단계에서부터 차단할 방법을 알아야 합니다. 가장 유의해야 할 것은 친근하게 다가오는 낯선 사람들의 접근을 경계하는 일입니다. 야한 사진을 교환하고 화상 채팅을 하자는 제의에 응하면 곧바로 범죄의 표적이 됩니다. 그 과정에서 상대가 보내는 사진이나 파일을 열어 보는 순간 내 주소록이 순식간에 유출되는 일이 일어납니다. 평소에도 출처 불명의 파일이 내 스마트폰에 깔리지 않도록 환경 설정에서 '보안'을 강화해 놓는 게 필요하지요.

몸캠 피싱의 덫에 빠지지 않으려면 음란 채팅이나 영상 통화를 하지 않는 게 최선의 방법이지만, 만약에라도 범죄자들의 꾐에 빠졌어도 절대 그들의 요구에 응하면 안 됩니다. 돈을 보내면 영상을 삭제해 주겠다고 제안하지만, 돈을 보내면 오히려 돈을 추가로 더 보내라고 요구하며 범행을 지속합니다. 영상을 지우는 행위를 보여 준다고 해도 가짜입니다. 실제로는 수많은 복제본을 갖고 있기 때문에 사기 수법일 뿐입니다. 협박 문자나 메시지를 받은 즉시 화면을 캡처하고 증거를 모아서 경찰서에 신고하는 게 가장 빨리, 그리고 피해를 최소화할 수 있는 방법입니다.

33

인플루언서가 되려면 사생활을 포기해야 하나?

저는 인플루언서가 꿈이에요. 그러자면 지금부터 SNS나 내가 속한 모임에서 '인싸'가 되어야 할 것 같아요. 그런데 인플루언서나 인싸가 되려면 사생활을 상당 부분 포기해야만 하는 건가요?

먼저 인플루언서가 되기 위해서 꼭 '인싸'가 되어야 하는 건 아니랍니다. 인플루언서는 소셜 미디어에서 인정받는 크리에이터이거나 활발한 온라인 활동을 통해서 많은 사람에게 알려지고 이를 통해서 영향력을 행사하는 사람을 일컫습니다. '인싸', '아싸'는 각각 '인사이더', '아웃사이더'의 줄임말로, '인싸'는 친화력이 좋아서 다양한 사람들과 어울리기를 즐기고 자연히 사람들이 가까이하고 싶은 사람을 말하지요. '아싸'는 사람들과의 소통이나 관계보다 혼자 있는 게 좋고 편안한, 이른바 '집돌이', '집순이' 타입의 사람입니다.

단어 뜻을 굳이 설명한 까닭은 인플루언서가 되기 위해서 반드시 '인싸'가 되어야 하는 건 아니라는 걸 말하기 위해서입니다. 성격은 천하의 '아싸'이지만 얼마든지 유명한 크리에이터나 인플루언서로 활동할 수도 있으니까요. 물론 평소에 지인이 많고 소셜 네트워크 활동이 활발한 '인싸'라면 아무래도 인플루언서로 활동하는 데 많은 도움을 받습니다. '인싸'나 '아싸'는 기본적으로 성격에 따라 구분되는 타고난 성향이 강하지만, 인플루언서나 크리에이터가 된다는 것은 타고나는 게 아니라 개인이 목표를 세우고 어떤 노력을 기울이냐에 따라 좌우된다는 점에서 직업과 비슷한 측면이 있습니다. 내성적인 성격이나 외향적인 성격에 따라 직업이 결정되는 것은 아니고, 같은 회사와 직업 안에서도 다양한 성격의 사람들이 섞여 있는 것과 마찬가지예요.

인플루언서는 주로 소셜 미디어에서 활동하는데, 소셜 미디어는 기본적으로 개인의 신상 정보와 사생활을 공개하고 다른 사람들과 공유하도록 요구하는 게 플랫폼의 속성입니다. 개인적인 이야기나 생각을 다른 사람들에게 드러내는 게 편하지 않은 사람이 소셜 미디어에서 인플루언서로 활동하기는 쉽지 않습니다. 페이스북의 창업자이자 최고 경영자인 마크 저커버그는 "프라이버시는 더 이상 사회적 규범이 아니다", "프라이버시의 시대는 끝났다"라며 사람들에게 사생활을 공개하라고 요구하는 사람입니다. 이용자가 콘텐츠별로 노출되는 공개 범위를 설정할 수 있지만, 대부분의 소셜 미디어는 더 많은 사람에게 노출되는 것을 초기 설정(디폴트 세팅)으로 제공합니다.

소셜 미디어는 사람과 사람이 관계를 맺는 플랫폼이기 때문에 실제 친구 관계처럼 서로 개인적인 정보를 주고받을 때 친밀도가 높아지게 됩니다. 페이스북, 인스타그램과 같은 소셜 미디어에서 익명으로 활동하면서 다른 사람들과 친밀하고 넓은 관계를 맺는 '마당발'이 될 수는 없는 거죠. 인플루언서가 되자면 자신의 신상 정보를 노출하는 것은 불가피합니다.

❝ 나의 프라이버시는 내가 지키고 요구해야 ❞

그런데 사실 프라이버시는 누구에게나 꼭 필요합니다. 프라이버시는 '방해받지 않고 홀로 있을 권리'를 말하는데, 근대 이후 개인이 독립된 자아관을 형성하고 존엄성을 유지하기 위해서는 필수적인 권리로 인정되었습니다. 만약에 우리가 많은 사람이 지나다니는 길옆에 커다란 창문이 있는 방에서 살고 있어 누구나 우리 방 안을 들여다볼 수 있고 대화를 엿들을 수 있다면, 우리는 인간으로서의 존엄함을 유지하고 살기 어렵습니다. 그래서 우리나라 헌법도 사생활의 비밀과 자유를 인격권의 핵심으로 규정하고 있으며, 유엔 세계 인권 선언도 프라이버시권을 기본권으로 명시하고 있지요. 누군가 다른 사람의 사생활 영역을 침범하거나 방해하면 처벌을 받게 되는 법적 근거입니다.

그런데 프라이버시, 즉 사생활 보호의 권리는 모든 사람에게 똑같이 적용되지 않습니다. 그중 하나는 공인의 경우입니다. 대통령, 국회 의원과 같은 공직자, 그리고 공직자는 아니지만 스포츠 스타, 유명 예술인 등 공적인 인물은 어느 정도 사생활 침해를 받아들여야 합니다. 사생활을 보호받지 못하는 또 하나의 경우는 개인이 스스로 자신의 사생활을 공개하는 경우입니다. 위치 정보를 실시간 공유하는 게 위험하다고 했는데, '라방'을 통해 실시간 자기 위치와 동선을 스스로 공개해서 입게 되는 피해까지 법이 보호해 주지는 못하는 거죠.

법에 보장된 권리라고 해도 "권리 위에 잠자는 사람은 보호받지 못한다"는 법학자 예링의 말처럼 법은 그 권리를 적극적으로 행사하거나 요구하는 사람을 보호합니다. 사생활 보호도 마찬가지입니다. 소셜 미디어에서 어느 정도 개인 정보를 노출하고 친구와 서로 비밀을 공유하는 것이 필요하지만, 우리의 사생활이 저절로 보호되지 않는다는 걸 잊으면 안 되죠. 더욱이 인터넷에서는 한번 공개된 정보가 웬만해서는 사라지거나 지워지지 않기 때문에 개인 정보는 소중히 여기고 함부로 노출하거나 공유하지 않아야 합니다. 각자가 자신이 앞으로 살아갈 미래까지 생각하면서 나는 어느 정도까지 개인 정보를 노출할 것인가를 고려하며 소셜 미디어 활동을 하는 게 필요합니다.

카톡 뒷담화 좀 하면 어때?

친구들끼리 뒷담화하는 거 은근 재미있어요. "안 보이는 데서는 임금님 욕도 한다"는 속담도 있는데, 카카오톡에서 친구나 아는 사람에 대해 뒷담화하는 거는 문제 될 거 없겠죠?

사람에게 수다 떨기는 본능이지요. 연구에 따르면 우리가 하는 얘기 중에 다른 사람들에 대해 하는 얘기, 즉 뒷담화는 전체 대화의 70%를 차지한다고 합니다. 사실 대화에서 같이 아는 다른 사람들 얘기 빼놓고 둘에 관한 얘기만 나눈다면 그건 대화가 아니라 협상이거나 말다툼인 경우가 많을 겁니다. 원숭이 무리가 서로 털을 골라 주는 행위를 통해 사회성을 유지하는 것처럼 사람들은 수다 떨기, 구체적으로는 다른 사람에 관한 뒷담화를 통해 그 기능을 수행합니다. 뒷담화가 서로 정보와 즐거움을 공유하고 관계를 친밀하게 하는 거죠.

그런데 인류가 언어생활을 시작한 이후 수만 년 넘게 유지해 오던 수다 떨기 관행이 디지털 소셜 미디어 환경에서 새로운 과제를 만나게 됐습니다. 과거의 수다 떨기는 문자 그대로 말로 하는 대화이니 그 순간이 지나면 뭔 얘기가 오고 갔는지 정확히 확인하기가 어렵습니다. 또 서로 얼굴을 마주보거나 전화를 통해서 직접 수다 떨기를 하기 때문에, 당사자들 사이에서만 대화가 오고 갔지요.

그런데 수다 떨기가 주로 카카오톡 같은 스마트폰 메시징 서비스를 통해 이뤄지면서 상황이 달라졌어요. 하나는 대화가 음성이 아니라 앱 안에서 문자로 이뤄지고, 디지털 정보이기 때문에 일단 만들어지면 반영구적으로 저장될 수 있다는 점입니다. 단톡방에서 대화를 한 뒤에 즉시 모든 기록을 삭제하지 않으면 사실상 반영구적으로 대화 내용이 보존될 수 있는 겁니다. 또 하나는 대화가 카카오톡, 라인 같은 소셜 미디어에서 여러 사람이 함께 참여한 단체 톡방에서 흔히 진행된다는 사실입니다. 서로 얼굴을 보면서 하는 음성 대화가 아니기 때문에 멀리 있는 사람들도, 아주 많은 사람들도 아무 때나 쉽게 접근할 수 있습니다.

미성년자인 청소년들이 카카오톡에서 친구들 뒷담화를 약간 했다고 해서 처벌받을까 걱정할 일은 아닙니다. 그런데 만약 친구가 기분 나빠하는데도 모욕적이고 폭력적인 메시지를 계속 보내면, 학교 폭력으로 불이익을 받을 수 있습니다.

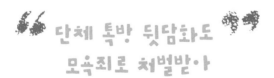

이미 우리나라 법원에서는 카카오톡과 같은 메시징 서비스에서 일어난 뒷담화에 대해 처벌한다는 판례를 세웠습니다. 2016년 9월 서울 행정 법원은 메신저 앱 단체 대화방에서 여학생들을 상

대로 성희롱 대화를 한 대학생들이 학교에서 무기정학을 받고 취소 청구 소송을 내자 학교 쪽 손을 들어줬습니다. 법원은 "단체 대화방에서의 대화는 그 내용이 언제든지 유출될 수 있다"며 단체 대화방을 열린 공간으로 보았고, 명예 훼손과 모욕죄가 성립한다고 판결했습니다. 또 2016년 10월 수원 지방 법원은 메신저 앱에서 일대일 대화를 통해 치어리더를 비방한 야구선수에게 700만 원 벌금을 선고했습니다. 법원은 "일대일 대화라고 하더라도 허위 사실이 빠르게 유포되는 실마리를 제공했다"고 판결했습니다.

이런 법원의 판례가 알려 주는 것은, 소셜 미디어에서 누군가의 뒷얘기를 당사자가 불쾌해하는 방식으로 주고받는 게 법적으로 문제되고 피해 배상을 해야 할 수도 있다는 겁니다. 문자 메시지 서비스에서 친구들끼리 누군가의 뒷담화를 한다고 해도 당사자만의 사적인 대화가 아니라, 공개적인 발언이라는 점을 인정해 모욕죄를 적용한 판례입니다. 청소년이니 문제 될 거 없다고 생각하면 안 됩니다. 나중에 성인이 된 다음에 학창 시절에 언어 폭력이나 가해 행위를 한 사실이 드러나서 인기 절정기에 하루아침에 밑바닥으로 추락하거나 곤경에 처하는 아이돌, 스포츠 스타들의 사례를 우리는 자주 목격하고 있지요.

뒷담화하는 게 인간의 자연스러운 습관이지만, 디지털과 소셜 미디어 환경에서는 무기한으로 보존되고 순식간에 널리 퍼질 수 있기 때문에 엄격한 법률과 책임을 적용한다는 걸 알고 있어야 합니다. 사실 문자 메시지로 이뤄지는 대화는 일종의 '내용 증명 대화'라는 걸 생각해야 합니다. 우체국에 가면 '내용 증명 우편'이라는 게 있어, 편지 내용을 객관적으로 보존하고 있다는 걸 증명해 주는 서비스가 있습니다. 카카오톡에서의 뒷담화나 대화 내용은 바로 이런 '내용 증명 우편' 서비스와 비슷합니다. 당사자끼리 부인하거나 없애 버려도, 제3자가 그 우편물을 확인하고 보관하고 있어 법적 증거로 쓰일 수 있기 때문입니다. 편리한 메시징 서비스나 소셜 미디어를 좀 더 조심해서 써야 하는 이유입니다.

6장

인공지능
세상을
살아가려면?

35 무료 서비스의 진실은?

성별

나이

이름

0₩

제3자 정보 제공

마케팅 동의

주소

필수

SNS나 동영상 서비스는 공짜인데, 무슨 불만이 그리 많은지 모르겠어요. 싫으면 안 쓰면 그만인데 돈도 안 내고 쓰면서 갖가지 주문과 요구를 하는 사람들이 있잖아요. 왜 그러는지 이해할 수가 없어요.

우리는 인터넷에서 많은 콘텐츠와 서비스를 무료로 이용하고 있지요. 네이버, 구글 등 검색 서비스도 돈 한 푼 내지 않고 이용해요. 카카오톡, 페이스북, 인스타그램, 유튜브, 틱톡 등 널리 쓰이는 소셜 미디어도 공짜로 써요. 유료 결제하면 광고도 사라지고 클라우드 용량도 커지지만, 공짜로 써도 크게 불편하지 않아요.

'공짜'라는 점 때문에 이용자들은 인터넷 서비스에 대해 별다른 요구를 하지 않고 주어진 대로 사용하는 경우가 많아요. 무료인 만큼 불만이 있으면 사용하지 않으면 그만이라고 여기지요.

그런데 무료나 유료는 기업이 선택한 수익 모델의 방법일 뿐, 이용자가 무료로 쓴다고 진짜 공짜인 것은 아니에요. 우리가 무료로 쓰는 서비스는 사실 우리가 돈 대신 돈만큼이나 소중한 다른 것들을 대신 내주고 있는 거예요. 무료 수익 모델은 다양한 종류가 있어요.

첫째, 무료 콘텐츠나 서비스를 이용할 때 대부분 우리는 광고에 노출됩니다. 구글이나 네이버, 유튜브 등이 대표적이지요. 예를 들어 치킨 광고가 보이는 화면은 치킨 회사가 포털과 소셜 미디어에 광고를 하면서 비용을 지불하는 구조이고, 무료 서비스를 이용하는 사람이 많을수록 구글, 네이버와 같은 인터넷 기업은 돈을 법니다.

둘째, 무료 서비스를 쓰려면 대부분 회원 가입을 해야 합니다. 나의 성별과 나이, 사는 곳과 직업, 관심사를 적어 내고 때로는 광고 메시지와 메일도 받아야 합니다. 나의 개인 정보를 업체에 제공하는 대가로 무료 이용하는 셈이지요. 인터넷 기업의 가치는 서비스를 얼마나 많은 사람이 오랜 시간 이용하는지에 따라 결정됩니다. 가입자 정보와 숫자가 인터넷 산업에서는 엄청난 가치이기 때문에, 기업은 무료로 서비스를 제공하면서 회원을 모으고 있습니다. 개인 정보가 값비싼 거래 대상이다 보니 가끔 업체가 이용자의 개인 정보를 다른 곳에 팔아넘기기도 하고, 해킹이나 보안 취약점 공격으로 유출되는 개인 정보도 줄어들지 않고 있어요.

셋째, 유료 가입을 유도하기 위한 맛보기 서비스인 경우입니다. 마트 시식 코너처럼 맛을 보게 해 구매로 이끄는 기능을 합니다. 넷플릭스, 스포티파이 등 각종 콘텐츠 서비스는 첫 달에 서비스를 무료 체험할 수 있지만 계속 이용하려면 결제해야 합니다. 무료 체험은 유료 결제를 위한 마케팅 수단일 뿐이지요.

돈을 내지 않고 사용한다면 당신이 바로 상품이다

인터넷의 각종 콘텐츠 서비스가 무료인 것처럼 보여도 우리는 광고를 보고 개인 정보를 제공하는 방식으로 대가를 지불합니다. 또 많은 인터넷 서비스는 맘에 들지 않는다고 해서 안 쓰고 살기 어려운 게 많지요. 카카오톡이나 인스타그램처럼 친구들 대부분이 연결되어 있고 각종 안내문이 게시되는 경우에는 나 혼자 안 쓰고 살 도리가 없어요. 다른 사람과의 소통을 위해서 어쩔 수 없이 써야 하는 필수적인 플랫폼이 되어 있는 경우지요. 그러니 "안 쓰면 그만"이라고 하지 말고, 잘못된 부분은 지적해서 고치게 해야겠지요?

그래서 인터넷에서는 "돈을 내지 않고 사용한다면 당신이 바로 상품이다"라는 말이 있습니다. 무료 서비스에서 우리는 고객이 아니라 기업에 팔리는 일종의 상품이라는 의미입니다. 인터넷에 왜 무료 콘텐츠와 서비스가 많은지 그 이유를 따져 보는 것은 매우 중요한 일입니다. 왜냐하면 앞으로 무료 콘텐츠와 서비스는 점점 더 많이 늘어날 것이고, 우리는 더 많이 이용할 테니 말이지요.

이제 사람만이 아니라 인공지능과 챗봇도 정보를 만들어 내는 세상이니 인터넷이 점점 더 많은 정보로 넘쳐 나리라는 것은 당연하지요. 유튜버와 인플루언서, 크리에이터는 더 많은 콘텐츠를 만들어 내는데, 이용자들로부터 관심을 받지 못하면 성공할 수 없겠지요. 그래서 정보가 많아질수록 귀하고 소중해지는 것은 이용자의 주의력입니다. 달리 말하면, 우리가 갖고 있는 시간과 관심입니다.

인터넷 기업들은 알고리즘을 이용해 우리의 주의력을 끌고, 관심사를 파악해 콘텐츠와 서비스를 이용하게 하는 기술을 발달시켜 나갑니다. 무료 서비스가 진짜 무료가 아니고 우리의 소중한 주의력을 빼앗아 가는 기술을 기반으로 하고 있다는 것을 알아야 우리는 무료 서비스를 현명하게 쓸 수 있습니다. 원래 내 것인 주의력을 알고리즘에 빼앗기지 않기 위해서는 무료 서비스를 이용하면서 누가 가장 큰 이득을 보게 되는가를 생각해 봐야 합니다. 또 무료 서비스를 이용하지 않을 때는 어떤 손해가 생기는지도 따져 보는 겁니다.

36

멀티태스킹, 정말로 가능해?

저는 유튜브 영상 틀어 놓고 음악 들으면서 문제집 푸는 게 좋고 공부도 더 잘돼요. 그런데 어른들은 왜 한 번에 한 가지만 제대로 하라고 하는 걸까요?

한 번에 여러 가지 일을 동시에 수행하는 걸 멀티태스킹이라고 합니다. 디지털 세상에서는 해야 할 게 많고 즐길 게 넘쳐 나지만 하루는 누구에게나 24시간뿐이지요. 당연히 동시에 여러 가지 일을 처리하고 싶은 것은 본능이니, 오늘날은 멀티태스킹이 기본이 되었습니다. 지하철에서 보면 멀티태스킹 안 하는 사람이 드물 정도예요. 귀에 이어폰을 꽂고 스마트폰으로 동영상을 보면서 걸어가는 사람이 대부분이지요. 소중한 시간을 아껴 써야 하는데, 쪼개서 이것저것을 번갈아 하기보다 컴퓨터처럼 동시에 여러 가지 일을 함께 처리하는 게 효율적인 것처럼 보입니다.

그런데 열차 기관사가 스마트폰을 보면서 운전하다가 사망 사고를 내고, 트럭 운전기사가 휴대 전화 동영상을 보다가 훈련 중이던 사이클 대표 선수단을 치어 여러 명을 숨지게 했다는 끔찍한 일이 종종 보도되곤 합니다. 한 보험 회사가 조사해 봤더니, 걷다가 교통사고를 당한 보행자의 61%가 휴대 전화를 사용하고 있던 것으로 드러났습니다. 사고 피해자의 절반이 넘는 53.8%는 10대와 20대였는데, 사고가 일어난 시간은 등교, 출근 시간인 경우가

71%였습니다.

사망 사고를 낸 운전기사와 교통사고를 당한 사람들이 특별히 운전 실력과 보행 능력이 떨어지는 사람들이어서 일어난 일일까요? 아니면 다른 사람들과 달리 멀티태스킹 능력이 없어 한 번에 한 가지 일만 처리할 수 있는 별난 사람들이어서 생겨난 사고일까요? 둘 다 아닙니다. 가해자, 피해자 모두 평균적이고, 일반적인 사람들입니다. 주의력을 집중해야 하는 행동을 하면서 멀티태스킹을 하느라 순간적으로 방심한 게 사고의 원인인 거죠.

미국 유타 대학교에서 310명을 대상으로 조사해 봤더니, "나는 멀티태스킹에 소질이 있다"고 대답한 학생의 70%는 평균 이하의 업무 처리 능력을 보였답니다. 이 대학생들만이 아니라 사람들 대부분은 멀티태스킹 능력이 평균 이하입니다. 특히 자신이 멀티태스킹의 달인이라고 생각할수록 더 집중력이 낮아 사고 위험이 높았습니다.

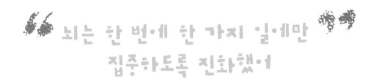

뇌는 한 번에 한 가지 일에만 집중하도록 진화했어

컴퓨터나 스마트폰은 병렬 프로세서를 갖추고 있어서 멀티태스킹이 기본적 기능입니다. 동시에 자료를 내려받으면서 동영상을 재생하고 계산 프로그램을 실행할 수 있습니다. 그런데 사람

뇌는 병렬 프로세서가 아닙니다. 우리 뇌에는 좌뇌, 우뇌가 있지만 둘이 각각 별도로 작동하는 병렬 처리 기능이 없습니다. 뇌는 동시에 두 가지 과제를 병행 처리할 수 없고 한 번에 하나씩 업무를 수행합니다.

뇌과학자들에 따르면, 음악을 들으면서 수학 문제를 푸는 것처럼 멀티태스킹으로 보이는 행위도 사실은 번갈아 가면서 한 번에 하나씩 처리하고 다음 과제로 옮겨 가는 행위라고 말합니다. 뇌는 한 번에 한 가지 일에만 집중하도록 진화했고, 어떤 일에 집중할 때 최고의 기능을 발휘하도록 만들어져 있습니다. 가장 뛰어난 능력을 지닌 것으로 여겨지는 엘리트 스포츠 선수, 뮤지션, 과학자들의 공통점은 멀티태스킹을 잘하는 사람이 아니라, 주의력을 분산시키지 않고 한 가지 일에 고도로 집중할 줄 아는 능력을 발휘하는 사람이라는 겁니다.

우리는 일상에서 다양한 멀티태스킹 기능을 자연스럽게 수행하고 있다고 생각하지만 사실 멀티태스킹에 매우 취약합니다. 뇌과학자들은 자연스러운 멀티태스킹은 걸으면서 껌을 씹는 행위, 운전하면서 음악을 듣는 정도라고 말합니다. 사실 음악을 들으면서 영어 문장을 해석하고 있을 때도 문장이 해석되는 순간 음악은 들리지 않습니다. 음악의 선율과 가사가 선명하게 들리는 순간은 뇌가 문제를 풀고 있는 게 아니라 음악에 몰입하고 있는 거죠. 우리는 멀티태스킹이 아니라 한 가지 일에 몰입할 때 효율성도 가장 높아지고 행복감을 경험합니다.

　마이크로소프트의 연구에 따르면, 우리가 무슨 일에 열중하다가 새로운 이메일이 왔다는 알림에 주의를 빼앗기면 이전과 같은 주의력을 회복하는 데는 평균적으로 22분이 필요하다고 합니다. 스스로 멀티태스킹의 달인이라고 생각해 컴퓨터처럼 이 일 저 일을 동시에 처리하려고 하면, 사실은 가장 비효율적인 방식으로 일하는 결과가 된다는 거죠. 일을 옮겨 갈 때마다 뇌에서는 새로운 일에 적응해야 하는 '전환 비용'이 발생하기 때문이랍니다. 멀티태스킹은 컴퓨터와 스마트폰의 기능일 뿐이고 사람은 매번 가장 중요한 일에 집중해서 일을 처리하는 게 가장 지혜롭고 좋은 결과를 만들어 낸다는 것을 잊지 마세요.

37

미래는 메타버스일까?

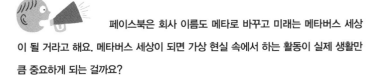

페이스북은 회사 이름도 메타로 바꾸고 미래는 메타버스 세상이 될 거라고 해요. 메타버스 세상이 되면 가상 현실 속에서 하는 활동이 실제 생활만큼 중요하게 되는 걸까요?

메타버스는 헤드업 디스플레이를 통해서 가상 공간 안에서 실감 나는 경험을 할 수 있게 해 주는 기술입니다. 몰입형 안경을 쓰고 기기를 조작하면 우주인이 되어 우주 유영을 하는 것도 체험할 수 있고, 바닷속 깊이 내려가 고래와 함께 수영을 하는 것도 체험할 수 있지요. 현실에서는 불가능한 일들을 메타버스에서는 헤드업 디스플레이를 착용하고 거의 진짜처럼 경험할 수 있어요.

지금까지 우리는 시각과 청각을 이용해 영상을 감상해 왔지만, 메타버스에서는 가상 현실을 촉각이나 후각 등과 연결시켜서 가상을 현실보다 더 생생하게 경험할 수 있는 길이 열립니다. 현재는 오큘러스처럼 눈 전체를 가리고 머리에 뒤집어 쓰는 헤드업 마운트 형태의 거추장스러운 기기이지만, 기술 발달에 따라 메타버스 체험 기기는 점점 더 가볍고 착용이 편리해질 것입니다.

코로나19로 비대면 상황을 겪으며 사람들은 미래엔 메타버스가 대세가 될 것이라는 의견에 고개를 끄덕였습니다. 직접 얼굴을 보거나 전화 통화를 하지 않아도 비대면과 가상 현실 속에서 다양한 업무를 처리하고 오랜 시간을 보내는 게 전혀 어색하지도 않고 오히려 편리한 측면이 많다는 걸 경험했습니다.

메타버스의 세상이 온다고 주장하는 사람들은 가상 현실의 공간에서 실제 사람들의 생활과 비슷한 모습들을 가능한 한 생생하게 구현하고, 그 안에서 경제적 거래와 생태계를 형성하려고 노력하고 있습니다. MMORPG 형태의 온라인 게임과 로블록스, 제페토 등 플랫폼 안에서 각종 사회 활동과 상거래 행위가 매우 활발합니다. 지금은 주로 10대나 초등학생들이 이용하는 서비스이고 부모님이나 기성 세대에게는 낯선 기술이지만, 시간이 지나서 청소년 세대가 어른이 될 때쯤에는 메타버스가 아주 자연스러운 환경이 될 거란 기대가 많습니다.

기술은 처음부터 완벽한 상태로 등장하는 게 아니라 시간이 흐르면서 점점 완성되어 가게 마련인 만큼 현재의 가상 현실 메타버스가 결국 미래의 대세가 될 거라는 주장입니다. 1980년대 등장한 피시 통신이 10여 년 뒤에 인터넷으로, 그리고 또 20여 년 뒤에 스마트폰과 모바일 인터넷으로 진화했습니다. 현재의 스마트폰 기반의 모바일 인터넷 또한 다음 단계로 계속 진화해 갈 텐데, 그 형태는 가상 세계와 현실이 융합되는 메타버스일 것이라는 기대입니다. 현재의 인터넷은 피시와 모바일 모두 액정 디스플레이를 벗어나지 못하고 있지만, 미래의 메타버스는 모니터로부터 자유로운 새로운 형태의 기술이 구현될 것이라고 전망됩니다.

진짜와 가짜를 구별할 수 있는 능력이 중요해

　이미 가상은 현실 속으로 빠르게 들어와 뒤섞이고 있어요. '로지', '미켈라' 같은 가상 인간은 유명 모델로 국내외에서 활발하게 활동하고 있지요. 이런 가상 인간은 인공지능과 딥페이크 기술이 결합해 실제 사람과 구별할 수 없는 수준의 외모와 몸짓, 공감과 대화 능력을 지닌 덕분에 생활 속으로 점점 더 깊이 들어올 거예요. 메타버스와 가상 인간이 현실 세계의 실제 사람들과 함께 뒤섞이는 세상은 좋은 것일까요, 그렇지 않은 것일까요?

　물론 미래 기술로 기대를 받는다고 모두 성공하지는 않아요. 미래엔 입체 화면이 대세가 될 거라고 믿고 3D TV를 구매한 사람들이 많았지만 결국 헛돈을 쓴 결과가 되기도 했지요. 아바타, 세컨드라이프, 증강 현실, 블록체인 가상 화폐 비트코인, NFT 등의 서비스도 기대만큼 성공하지 못하거나 실패했어요.

　메타버스 가상 현실도 마찬가지입니다. 페이스북의 최고 경영자 마크 저커버그는 2021년 "메타버스가 미래다"라고 선언하고 회사 이름도 페이스북에서 '메타'로 바꿨습니다. 하지만 예상과 달리 메타버스 사업이 인기를 끌지 못하자, 1년 반 만인 2023년 3월 "인공지능을 발전시키는 게 가장 중요하다"며 인공지능에 집중 투자하는 쪽으로 돌아섰습니다.

미래에 메타버스가 대세가 될지 아닐지는 누구도 알 수 없지요. 하지만 하나 분명한 것은 인공지능 기술이 빠르게 발달하는 만큼 인공지능이 만들어 낸 결과와 사람들이 직접 만들어 낸 결과는 구분하기 어려워질 것이고, 세상은 인공지능이 만들어 낸 정보와 이미지들이 갈수록 늘어날 것이라는 겁니다.

거대 언어 모델을 활용한 챗지피티와 같은 인공지능이 갈수록 방대한 정보를 자동으로 만들어 낼 것이고, 누군가는 딥페이크와 같은 기술을 이용해 진짜와 구별되지 않는 '완벽한 가짜'를 꾸며 낼 것입니다. 메타버스 세상이 언제 어떤 형태로 다가올지보다 중요한 것은, 사람이 만든 것과 인공지능이 자동으로 만들어 낸 것을 구분해 내는 능력입니다. 그걸 구분하는 능력을 키우는 것이 메타버스 가상 현실 세계에서 가장 쓸모 있는 대비책이자 투자입니다.

38

왜
유튜브만 보면
시간 순삭?

동영상 몇 편 본 것뿐인데 벌써 1시간이라구요? 왜 유튜브만 보면 시간이 '순삭'되는 걸까요? 지루할 틈도 없이 시간이 빨리 흘러 재미있지만, 동영상 시청에 시간을 너무 많이 쓰는 것 아닌지 약간 걱정돼요.

유튜브는 전 세계 사람들이 가장 많이, 그리고 오랜 시간 이용하는 서비스이니 특별한 경우가 아닙니다. 왜 사람들은 스마트폰에서 다른 서비스보다 유튜브와 같은 동영상을 즐겨 보는 것일까요?

이용자들이 유튜브를 좋아하는 이유는 다양합니다. 일단 유튜브는 세계 최대의 동영상 사이트라서 콘텐츠가 무궁무진합니다. 세계 최대의 검색 기업 구글이 운영하는 서비스답게 수많은 콘텐츠에서 이용자가 원하는 것을 찾기 쉽게 검색 기능이 매우 뛰어납니다. 또 바쁜 학생들이나 이동하면서 자투리 시간을 이용하고픈 사람이 편리하도록 짧은 동영상들도 많습니다. 워낙 많은 유튜버들이 활동하다 보니, 새로운 콘텐츠도 어디보다 빠르게 또 풍부하게 올라옵니다. 추천과 조회 수가 많은 인기 콘텐츠는 어떤 어려운 문제든 알기 쉽게 설명을 잘하는 게 특징입니다. 부품을 조립하거나 프로그램을 설치하다가 어려움을 겪을 때 사용 설명서 대신 유튜브 강의를 들으면 쉽게 이해됩니다.

이러한 여러 가지 장점으로 인해 유튜브를 많이 이용하지만,

유튜브를 볼 때 신기한 경험을 하게 됩니다. 궁금한 게 있어서 유튜브에서 검색을 하거나, 지인의 추천으로 유튜브에서 어떤 콘텐츠를 한 편 보는 경우를 가정해 봅시다. 그렇게 내가 찾거나 추천받은 영상을 유튜브에서 다 시청하고 나면 자동으로 다음 영상이 재생되는데, 새로 재생되는 영상이 원래 내가 검색한 영상보다 훨씬 흥미롭거나 바로 내가 원하던 콘텐츠라는 거죠. 유튜브가 자동 재생을 하기 전에 나는 그런 콘텐츠가 있는지 알지도 못했는데 말이지요.

'자동 재생'과 '맞춤형 추천'의 비밀

유튜브가 전 세계 이용자들을 사로잡은 비밀스러운 두 가지 매력이 있는데 '자동 재생'과 '맞춤형 추천'입니다. 그래서 우리는 유튜브에서 동영상을 한 편만 보려고 했지만 어느새 10배, 20배 많은 콘텐츠를 보게 되고 시간이 '순삭'되는 경험을 하게 되는 겁니다.

사실 이런 맞춤형 추천과 자동 재생은 유튜브만의 기능이 아니고 틱톡, 인스타그램, 페이스북, 넷플릭스 등 웬만한 콘텐츠 서비스는 대부분 구현하고 있는 특징입니다. 왜냐하면 이용자가 좋아하는 콘텐츠를 알아서 추천해 주고 자동 재생시키는 게 기업으로서는 서비스 이용 시간과 방문자를 늘리는 데 가장 도움이 되는 방법이기 때문입니다.

넷플릭스가 단기간에 세계적인 영상 플랫폼으로 올라서게 된 데는 〈오징어 게임〉, 〈이상한 변호사 우영우〉와 같은 인기 높은 K드라마의 영향도 있지만, 뛰어난 콘텐츠 추천 기능이 있습니다. 인터넷 콘텐츠만이 아니라 모든 제품과 서비스는 이용자의 만족도를 알려 주는 피드백 시스템이 품질 관리에서 무엇보다 중요합니다. 그러기 위해서는 고객이 무엇에 만족하고 무엇에 불만을 느끼는지를 상세하게 파악하는 게 필요하지요. 지금까지 방송사들은 시청률 조사를 통해서 전날 방송한 프로그램을 인구의 몇 퍼센트가 시청했는지를 조사하고 그걸 기반으로 프로그램 제작 방향을 정했습니다. 그런데 영상 스트리밍 서비스인 넷플릭스는 정교한 이용자 분석 프로그램을 통해서, 이용자들이 콘텐츠를 보는 다양한 행동 정보를 수집하고 분석해 이를 이용자별 맞춤형 추천에 적용했습니다.

예를 들면, 넷플릭스는 캐나다의 35살 여성 이용자들이 〈오징어 게임〉을 보다가 어떤 장면에서 다시 보기를 하는지, 또는 어떤 장면들이 연속으로 나오면 시청을 중단하거나 다른 콘텐츠를 찾아 나서는지를 파악합니다. 이전까지 방송사들은 전파나 케이블망을 통해 영상을 제공해서 이런 분석이 불가능했지만, 인터넷망을 통해 상세한 데이터를 주고받는 스트리밍 서비스에서는 데이터를 분석하면 얼마든지 가능해진 겁니다. 이용자들의 시청 데이터를 정밀하게 분석해 취향과 특성을 파악하면 맞춤형 추천의 효력은 매우 강력해지게 됩니다. 이용자가 이러한 추천을 제공받으면 저항하는 것이 거의 불가능해집니다. 왜냐하면 자신이 정말로 좋아하는 콘텐츠를 알아서 추천해 주고 자동 재생해 주니까요.

넷플릭스만이 아니라 인공지능을 이용하는 거대 기술 기업들은 대부분 이용자별 맞춤형 추천과 자동 재생 기능을 활용하고 있습니다. 영상 콘텐츠가 일종의 마약처럼 중독성을 지니게 될 우려가 있는 거죠. 맞춤형 추천 기능과 자동 재생 기술 자체가 마약처럼 유해하거나 독성 물질은 아닙니다. 다만 이용자들이 평소 좋아하는 콘텐츠와 서비스라고 생각한 것들이 기술 전문가들이 미리 정교하게 설계한 것이고, 이용자들은 웬만해서는 이런 콘텐츠를 외면하기 어려운 속성을 지니고 있는 거죠. 이 사실을 알고 유튜브, 넷플릭스 등을 이용한다면 좀 더 현명한 미디어 생활을 할 수 있습니다.

39

소셜 미디어를
안전하게
이용하려면
?

프리미어리그 감독 퍼거슨 경이 말한 대로, "소셜 미디어는 인생의 낭비"일 뿐일까요? 아니면 더 넓은 세상을 보고 더 많은 사람을 만나게 해 주는 인생의 창문과 같은 것일까요? 소셜 미디어를 현명하게 이용하는 방법이 있나요?

"소셜 미디어는 인생의 낭비"라는 말은 마치 칼은 살인강도의 도구일 뿐이라는 말처럼 정확하지 않은 이야기입니다. 무엇을 위해 어떻게 사용하느냐에 따라 칼은 남을 해치는 흉기가 되기도 하고, 수술이나 요리의 필수 도구가 되기도 합니다. 일본 소프트뱅크의 손정의 회장은 소셜 미디어를 처음 사용한 뒤에 "좌뇌, 우뇌에 이어 또 하나의 외뇌를 만난 느낌"이라고 그 놀라움을 표현했습니다.

소셜 미디어는 사용하는 사람에 따라 남과 자신을 해치는 도구가 될 수도 있고, 정보와 지혜의 전달자이자 사업 플랫폼이 될 수도 있습니다. 소셜 미디어 서비스가 그 자체로 좋거나 나쁜 것이 아니라 어떤 목적을 위해 어떻게 사용하는지에 따라 달라지는 거지요. 소셜 미디어에 대한 퍼거슨 감독의 말도, 손정의 회장의 발언도 모두 소셜 미디어가 지닌 모습의 일부입니다.

사회적 존재인 인간은 언제나 관계 속에서 행복과 불행을 느끼고, 인간의 사회적 본능은 소셜 미디어와 같은 강력하고 편리한 사회관계망 도구를 추구하는 성향을 지니고 있습니다. 즉, 소셜 미디어는 사용하느냐, 하지 않느냐 하는 선택의 문제가 아니라 결국 모두가 사용하게 마련입니다. 소셜 미디어를 사용하지 않는 것처럼 보이는 어르신들도 사실 카카오톡이나 유뷰트를 통해서 이미 SNS를 경험하고 있는 거지요.

모바일 시대에 SNS는 선택의 문제가 아닌 만큼, 얼마나 유용하고 안전하게 사용하느냐가 중요합니다. SNS를 현명하게 사용하는 방법은 소셜 미디어로 인한 위험과 부작용을 최소화하면서 자신이 추구하는 인생의 목표와 즐거움을 위해서 사용하는 것입니다. 이를 실현하기 위해서는 무엇보다 소셜 미디어의 기본적인 특징과 이용자인 자신에 대해서 곰곰이 생각해 보고 자신만의 규칙과 기준을 만들어야 합니다. 또 그 기준과 규칙에 맞게 소셜 미디어를 사용하고 있는지 수시로 점검해 봐야 합니다.

소셜 미디어 사용할 때 나만의 규칙 정하기

다음은 이용자가 소셜 미디어 사용 규칙을 스스로 정할 때 권장하는 내용입니다.

1. '초기 설정' 값을 살펴보고 '나만의 설정'으로 바꾸기
많은 이용자가 '초기 설정(디폴트 세팅)'을 바꾸지 않고 사용하는데, 대부분의 소셜 미디어는 이용자의 이익이 아닌 서비스 운영자의 이익을 최대화하도록 '초기 설정' 값이 만들어져 있습니다. 설정 메뉴에서 포스팅의 노출 범위를 '전체 공개'에서 '친구 공개'로 바꿀 수 있고, 내 정보에 접근할 수 있는 친구의 범위도 내가 설정할 수 있습니다.

2. '푸시 알림'을 비활성화하기

소셜 미디어를 현명하게 사용하기 위해서는 내가 주도적으로 편한 시간과 방식으로 이용해야 합니다. 그러기 위해선 소셜 미디어의 모든 '알림'을 비활성화하기를 추천합니다. 이용 시간 관리 메뉴에 가면, 하루 이용 시간의 통계를 볼 수 있고 한도를 설정해 놓을 수 있습니다. 서비스마다 하루 SNS 이용 시간을 미리 정해 놓으면, 지나치게 오랜 시간 이용하는 것을 자연스럽게 피할 수 있습니다.

3. 낯선 사람과 함부로 친구 맺지 않기

청소년들은 특히 소셜 미디어에서 중간에 알고 있는 사람들이 없는 낯선 사람이 친근하게 접근할 경우 각별히 조심해야 합니다. 낯선 사람 모두가 사기꾼이거나 해를 끼치려는 사람은 아니지만, 자신을 방어할 능력이 부족한 청소년기에는 가능한 한 낯선 사람들의 초대와 연결 요구에 응하지 않는 게 좋습니다. 또 친구

맺기를 할 경우에는 꼼꼼하게 상대가 누구인지를 따져 보고 결정해야 합니다.

4. SNS로 주고받는 정보는 다시 한 번 확인해 보기

다른 사람이 SNS로 보내 준 '알짜 정보', '긴급 속보' 등을 받으면 무턱대고 열어 보지 말고, 또 그 내용을 100퍼센트 믿지 않도록 해야 합니다. SNS로 '긴급 속보'를 남들보다 한발 먼저 듣는 일은 전혀 쓸모 있지 않습니다. 오늘날과 같은 모바일 세상에서는 진짜 중요한 뉴스나 정보라면 확인을 거쳐서 포털 뉴스 화면에 금세 '속보'로 뜹니다. 확인된 정보를 이용하는 습관을 들이는 게 중요해요. 그리고 다른 사람에게 전달받은 정보를 사실 확인 없이 또 다른 사람에게 바로 전달하는 일은 삼가야 합니다. 이런 정보들은 많은 경우 사실이 아닌 것으로 드러나기 때문입니다. 내가 전달한 정보가 사실이 아니게 되면, 결국 나의 신용과 이미지가 함께 추락하게 됩니다.

인공지능 시대의 필살기는?

뉴스와 소셜 미디어가 우리에게 세상을 보여 주는 창문이라면, 인공지능에게 사실과 중요한 것만 보여 주는 창문을 만들라고 하면 되지 않을까요? 그러면 사람이 정보가 사실인지 아닌지를 직접 따져 보는 역할을 하지 않아도 되는 것 아닌가요?

인공지능 기술은 계속 발달하겠지만 인공지능이 언론을 대신해서 사실과 거짓을 가려 주는 날은 오지 않습니다. 오히려 인공지능 기술의 발달에 따라 앞으로 사실과 거짓을 구별하는 것은 더욱 어려워지고, 그 능력은 모든 사람에게 무엇보다 중요한 생존 능력이 될 겁니다. 왜냐하면 챗지피티 같은 인공지능을 모든 사람이 쉽게 쓸 수 있게 되면, 인공지능을 이용해 거짓 정보를 만들어 내는 사람들 또한 늘어나기 때문입니다.

역사를 살펴보면 가짜 정보를 만들어 내고 위조지폐를 만들어 남을 속이는 사기꾼들은 사라진 적이 없었습니다. 그런데 지금까지의 사기꾼과 인공지능 시대의 사기꾼의 중요한 차이점이 있습니다. 지금까지는 가짜 정보로 남을 속이려고 해도 사람이 만들어야 했는데 인공지능 시대가 되면서 이제는 사람 대신 컴퓨터와 알고리즘이 가짜 정보를 만들어 낸다는 거죠. 사람이 만드는 가짜는 수작업이어서 양이나 품질에서 한계가 있지만, 기계가 만들어 내면 가짜 정보를 자동으로 대량 생산할 수 있는 거지요. 딥페이크나 챗지피티가 보여 준 것처럼, 인공지능이 만들어 낸 가짜는 진짜 정보와 거의 구별되지 않습니다.

　미국의 정보 분석 기관인 가트너는 몇 년 뒤면 우리는 진짜 정보보다 가짜 정보를 더 많이 만나게 될 것이고 2030년이면 인공지능이 학습하는 데이터도 실제 데이터보다 기계가 만들어 낸 가상 데이터가 훨씬 많아질 것이라는 보고서도 발표했어요. 만약 사기꾼이 인공지능을 이용해 가짜 정보를 만들어 내기로 마음먹으면, 24시간 내내 진짜 같은 가짜를 대량으로 만들어 내서 유통시킬 수 있기 때문이지요. 물론 인공지능을 이용해 거짓 정보를 적발하고 가짜 뉴스를 막으려는 연구도 계속되고 있어요. 하지만 인공지능으로 가짜를 대량으로 만드는 사람들과 허위 정보를 원천적으로 막는 것은 거의 불가능합니다. 사실 인터넷도 초기에는 정보를 공유하고 소통하기 위한 긍정적 목적으로 개발되어 활용됐지만, 나중에 인터넷을 사기와 범죄에 사용하는 사람들을 막을 수 없었습니다. 도구는 사용하는 의도와 목적에 따라 선하게도 악하게도 활용될 수 있는 '양날의 칼'인 거죠.

　더욱이 챗지피티나 미드저니처럼 눈 깜짝할 동안 전문가 수준의 콘텐츠를 만들어 내는 생성 인공지능이 등장한 이후에는 가짜 뉴스, 가상 데이터, 왜곡 정보가 더 많아지게 됩니다. 청소년들은 편리한 인공지능 시대를 살아가지만 동시에 진짜 정보와 허위 정보가 뒤섞인 세상을 스스로 헤쳐 나가는 인생을 살게 됩니다.

미디어 리터러시 능력이 꼭 필요해

그러면 인공지능 미래 사회에서 가장 중요한 능력은 무엇일까요? 이용자가 스스로 사실과 거짓을 판단할 줄 아는 능력입니다. 왜냐하면 사람들은 미디어를 통해서 정보를 받아들이고 그에 따라서 자신의 생각과 지식을 형성하는데, 인터넷과 소셜 미디어에서 만나는 정보는 사실과 거짓이 뒤섞여 있기 때문이죠.

또한 기술 변화에 따라 세상의 모습이 계속 변화하고 그 정보를 받아들여야 하는데, 이는 학교에서나 교과서로 배울 수 없고 미디어를 통해서 배워야 합니다. 챗지피티와 같은 첨단 인공지능 개발 사례에서 보듯, 기술과 사회 변화는 너무 빠르기 때문에 교과서나 학교에서 그 속도를 따라잡을 수 없어요. 각자 스스로 미디어를 통해서 뉴스를 읽듯 새로운 정보를 받아들이고 판단해야 하는 거죠.

경제 협력 개발 기구(OECD)는 "인터넷 덕분에 누구나 언론인이 될 수 있지만, 정보의 참과 거짓을 명확하게 구분하기는 어려워졌다"며 "21세기의 문해력은 지식을 스스로 구축하고 검증하는 능력"이라고 강조했습니다. 그런데 우리나라 청소년들은 스마트 기기를 이용하는 시간은 많지만 정보에서 참과 거짓을 구분하는 능력은 매우 낮습니다. 학교 교육에서 정보를 비판적으로 수용하고 판단하는 능력을 길러 주기보다 시험과 평가를 위해 암기, 연산 능력 위주로 가르치기 때문입니다.

정보 사회는 방대한 정보가 넘쳐 나고 사실과 거짓이 뒤섞여 있고 거대 기술 기업들의 알고리즘이 많은 사람을 조종하는 세상입니다. 이용하는 사람이 자기 주도적으로, 그리고 비판적으로 정보를 읽어 내는 능력이 없으면 정보 더미에 파묻혀 길을 잃어버리게 됩니다. 이용자가 주체적으로 정보를 읽어 내고 활용할 줄 아는 능력은 미디어 문해력, 즉 '미디어 리터러시(Media Literacy)'라고 합니다. 정보를 무조건 받아들이는 대신 참과 거짓을 읽어 내는 비판적 사고력이 필요하고, 유용하게 정보를 활용하는 미디어 리터러시 능력이 필요합니다. 이것이 바로 위험과 기회가 뒤섞여 있는 정보의 바다를 현명하게 헤쳐 나갈 수 있는 항해술입니다.

나와 다른 생각을 만나게 해 주는 미디어

40개의 질문을 통해서 뉴스의 기능과 언론의 특징, 소셜 미디어와 프라이버시에 대한 궁금증을 살펴봤습니다. 우리는 날마다 오랜 시간 미디어를 이용하며 알게 모르게 큰 영향을 받고 있습니다. 나의 생각과 감정, 그리고 미래의 꿈도 알고 보면 미디어에서 무엇을 읽고 보았는지와 관련이 깊습니다.

지금도 그렇지만 우리가 미디어와 함께하는 시간과 영향력은 앞으로 더욱 늘어날 겁니다. 미디어를 평생을 늘 함께할 친구라고 보면, 그 친구에 대해서 깊이 이해하고 있을수록 더 좋은 관계를 만들어 갈 수 있겠지요. 친구와 여행을 떠나 오래 이야기해 보고, 친구가 사는 집에 놀러 가서 가족들을 만나 어렸을 적 얘기도 들어 보고 가정의 분위기를 살펴보면 친구에 대해서 더 잘 이해할 수 있습니다. 미디어를 잘 활용하기 위해서도 마찬가집니다. 친구를 사귀는 것처럼, 미디어의 다양한 측면을 살펴보고 좀 더 깊이 이해하려는 노력이 필요한 거죠.

10대는 부모님보다 스마트폰이나 인터넷의 각종 서비스들

212

을 더 능숙하게 다룰 줄 압니다. 하지만 스마트폰과 소셜 미디어의 여러 기능을 잘 다루고 오랜 시간 사용한다고 해서 미디어가 나 자신과 사회에 끼치는 다양한 측면까지 저절로 알게 되는 것은 아닙니다. 40개의 질문을 통해서 늘 이용하고 있는 뉴스와 소셜 미디어이지만 그동안 미처 생각해 보지 않았던 중요한 모습도 만났을 겁니다.

미디어는 책과 종이신문에서부터 라디오, 텔레비전, 인터넷, 소셜 미디어, 모바일, 숏폼으로 발달해 왔습니다. 앞으로도 미디어는 기술과 사회 변화에 따라 계속해서 발달하고 달라지겠지요. 어쩌면 메타버스와 가상 현실이 대세가 될 수도 있을 겁니다. 하지만 미디어의 형태와 기술 방식이 아무리 바뀌더라도 달라지지 않는 게 있습니다. 미디어는 내용을 담는 그릇이라는 거죠. 중요한 것은 미디어가 담고 있는 콘텐츠이고, 그에 담긴 내용과 의도를 정확하게 읽어 내는 능력입니다. 유튜버나 크리에이터가 되기 위해서 가장 필요한 능력은 콘텐츠를 꼼꼼하게 읽어 내고 분석할 줄 아는 능력인 거죠. 콘텐츠의 장점과 단점, 특징을 잘 읽어 낼 수 있는 사람이라야 좋은 콘텐츠를 만들 수 있는 거니까요.

할아버지 할머니 세대가 종이신문을 주로 봤고, 부모님 세대가 방송과 인터넷에 친숙한 것처럼 10대는 모바일과 소셜 미디어 위주로 미디어를 이용합니다. 서로 다른 미디어로 각자 관심 있는 내용 위주로 이용하다 보니, 세대 간에 알고 있는 어휘나 표현 방법, 내용이 소통이 잘되지 않는 경우도 생겨나고 있지요.

누구나 편리한 소통 도구를 지니고 있으며 많은 정보를 손쉽게 이용할 수 있는 만큼 소통이 원활해질 줄 기대했는데 오히려 말이 잘 안 통하는 경우도 많습니다. 서로 알고 있는 정보가 다르고 그를 통해 형성된 의견도 달라서죠. 그렇다면 나와 부모님 세대, 또는 니와 의견이 다른 친구들 중에서 누구의 의견이 옳은 것일까요? 많은 경우 누구의 의견이 옳고 그른 것인지보다 중요한 게 있습니다. 경우에 따라 누구의 의견이 맞을 수도 있고, 그렇지 않을 수도 있는 거니까요.

중요한 것은 의견이 서로 다른 경우에, 내가 지금 알고 있는 것 외에는 다른 의견이나 정보는 모두 잘못돼 있다고 여기는 태도에 빠지지 않는 겁니다. 내 생각과 다르거나 내가 모르는 것이면 아예 알아볼 필요가 없다고 생각하는 태도를 말하는 거죠. 정보가 계속해서 쏟아져 나오고 다양한 변화가 점점 빨라질 세상에서 매우 위험한 방법이기 때문입니다.

미디어는 우리가 직접 경험하지 않은 것들을 만나고 알게 해 주는 안경이자, 세상을 보여 주는 창문입니다. 빠르게 변화하고 정보가 쉴 새 없이 쏟아지는 세상에서 현명한 판단을 하기 위해서는 내가 모른다는 것을 깨닫고 새로운 정보, 중요한 정보를 적극적으로 받아들여야 합니다. 미디어는 뉴스만이 아니라 내가 모르는 정보와 나와 다른 생각을 만나게 해 주는 통로입니다. 미디어는 세상을 알려 주는 창이면서 그 세상에서 지혜로워질 수 있는 방법도 알려 주는 도구라는 길 알고, 좋은 친구가 되기를 바랍니다.

질문하는 사회 12

'좋아요'가 왜 안 좋아?

초판 1쇄 발행 2023년 9월 27일
초판 2쇄 발행 2024년 4월 30일

지은이 구본권
그린이 허현경
펴낸이 이수미
편집 이해선
북 디자인 신병근, 선주리
마케팅 김영란, 임수진

종이 세종페이퍼 인쇄 두성피엔엘 유통 신영북스

펴낸곳 나무를 심는 사람들
출판신고 2013년 1월 7일 제2013-000004호
주소 서울시 용산구 서빙고로 35 103-804
전화 02-3141-2233 팩스 02-3141-2257
이메일 nasimsabooks@naver.com
블로그 blog.naver.com/nasimsabooks
인스타그램 @nasimsabook

ⓒ 구본권, 2023
ISBN 979-11-93156-09-4
     979-11-86361-44-3(세트)